Über dieses Buch

Diese kurzen Märchen haben es in sich. Das Lesen oder Vorlesen dauert nicht länger als fünf Minuten, viele der Märchen sind sogar in zwei, drei Minuten erzählt. Und doch steckt ganz viel Weisheit und Witz, Wunder und Wandel in ihnen. In den acht Kapiteln finden wir »Märchen vom Wachsen und Werden«, »Märchen voller Wunder und Wandel«, »Märchen von wunderbaren Begegnungen«, »Märchen von Himmel und Erde«, »Märchen mit Witz«, »Märchen voller Weisheit«, »Märchen vom rechten Weg und rechten Maß« und »Beherzte Märchen«. Für die Jüngsten geeignete Märchen sind mit einem Sternchen gekennzeichnet.

Über die Autorin

Michaela Brinkmeier, Jahrgang 1968, ist promovierte Germanistin, studierte außerdem Kunstgeschichte und Journalistik. Die gebürtige Hamburgerin hat es nach Nordrhein-Westfalen verschlagen, wo sie in einem Dorf bei Gütersloh lebt. Die große weite Welt – und viele Märchen – im Herzen, zieht sie als Erzählerin übers Land. Immer mit dabei: ihre Harfe. Sie arbeitet freiberuflich als Märchenerzählerin und Harfenspielerin, Autorin, Klangtherapeutin, Klangpädagogin und Meditationslehrerin (Infos unter: www.Sterntaler-Harfe.de und www.Klang-und-Meditation.com).

5-Minuten-Märchen

zum Erzählen
und Vorlesen

Kurze Volksmärchen aus aller Welt

Herausgegeben und erzählt
von Michaela Brinkmeier

KÖNIGSFURT-URANIA

Bibliographische Information der Deutschen Nationalbibliothek
Die Deutsche Nationalbibliothek verzeichnet diese Publikation in der Deutschen
Nationalbibliographie; detaillierte bibliographische Daten sind im Internet über
http://dnb.d-nb.de abrufbar.

Originalausgabe
10. Auflage 2025
© 2019 Königsfurt-Urania Verlag GmbH

Königsfurt-Urania Verlag GmbH
Ringstr. 32, D-24103 Kiel
info@koenigsfurt-urania.com · www.koenigsfurt-urania.com

Lektorat: Claudia Lazar, Kiel
Satz: Stefan Hose, Götheby-Holm
Umschlaggestaltung: Jessica Quistorff, Rendsburg,
unter Verwendung des folgenden Motivs von Adobe Stock:
»Magic tree house« © Elena Schweitzer
Druck und Bindung: Finidr s.r.o.
Printed in EU

ISBN 978-3-86826-085-4

Inhalt

Märchen von Himmel und Erde

Märchen mit Witz

Märchen voller Weisheit

Märchen vom rechten Weg und rechten Maß

Beherzte Märchen

* *Märchen für die Jüngsten*

Vorwort

Ein Märchen abends auf der Bettkante erzählt oder vorgelesen: ein schönes Ritual, das der Seele Nahrung schenkt und ein Band zwischen Eltern und Kindern knüpft. Aber dann sitzen Sie da mit einem Buch auf dem Schoß und fangen an zu blättern, und alle Märchen scheinen mindestens fünf Seiten lang zu sein. Aus dieser Erfahrung heraus und aus meiner Arbeit als Märchenerzählerin in Kindergärten und Seniorenheimen ist dieses Buch entstanden.

Kurz sind sie, diese Märchen, aber schön und gehaltvoll wie längere Märchen und in einer Bildsprache erzählt, die die Phantasie anregt. Die ausgesuchten Volksmärchen aus aller Welt sind nicht nur für Kinder; sie sprechen auch Erwachsene an. Denn sie erzählen Geschichten, die Jung und Alt angehen: von dem, was zählt im Leben, von der Suche nach dem Glück, von unseren Wünschen, Träumen und Sehnsüchten.

Weil sich im Kindergarten die Zuhörer noch nicht und im Altenheim nicht mehr so gut und lange konzentrieren können, wartet das Buch auch hier auf seinen Einsatz. Und Erwachsenen bieten diese Märchen kurze Auszeiten, die Möglichkeit, aus dem Alltag abzutauchen und sich etwas Gutes zu tun; als Bettlektüre können sie ins Reich der Träume geleiten. Als Anregung sind die Märchen mit einem Sternchen gekennzeichnet, die sich besonders für die Jüngsten eignen (ab ca. 4 Jahre). Welches Märchen für welches Kind passt, hängt natürlich von der Entwicklung und Persönlichkeit des Kindes ab, von der Situation und den Lebensumständen, und dies einzuschätzen bleibt in der Verantwortung von Ihnen, liebe Erzähler und (Vor-)Leser.

Und nun wünsche ich Ihnen eine gute Reise in die Welt der Märchen ...

Michaela Brinkmeier

Das Ei, das immer größer wurde*

Ein Mann hatte elf Söhne. Der Jüngste aber war der Sohn der zweiten Frau. Wie nun der Mann alt war und sein Ende nahen sah, da rief er seine Söhne zu sich. Und er vermachte jedem der zehn älteren Söhne drei Rinder.

Dem Jüngsten aber übergab er ein kleines Ei. Und er trug ihm auf, es draußen, weit weg vom Kraal**, aufzubewahren. Und jeden Tag sollte er dem Ei vorsingen. »Oh-oh, Venda, Venda ...«

Der jüngste Sohn ging nun jeden Tag zu seinem Ei und sang ihm vor: »Oh-oh, Venda, Venda ...« Und das Ei wuchs und wuchs. Bald war es größer als eine Hütte. Aber es wuchs immer noch. Da bekam der jüngste Sohn Angst vor dem Ei und kletterte auf einen Baum, wenn er ihm vorsang. Aber er sang weiter: »Oh-oh, Venda, Venda ...«

Endlich, als er eines Tages wieder sang, da platzte das Ei und heraus kamen Tiere jeglicher Art: Rinder, Schafe und Ziegen. Da baute sich der jüngste Sohn seinen eigenen Kraal. Und er lebte glücklich darin.

Märchen der Venda aus Südafrika

** afrikanisches Runddorf

Die Maus, die sich fledermauste *

Es war einmal eine Maus, die war ihr altes Leben müde. Sie dachte: »Ich bin zu alt für dieses Mauseleben; meine Beine sind schwer und wollen mich nicht mehr tragen.« Und sie beschloss: »Es ist an der Zeit, dass ich mich verwandele.«

Die Maus überlegte: »Was soll ich werden? Ich möchte meine Wege im Dunkeln finden, ohne dass man mich sehen kann. Soll ich vielleicht eine Schabe werden? Ach nein, man würde mich verachten und zertreten. Soll ich eine Schlange werden? Ach nein, man würde mich fürchten und hassen. Ich weiß: Ich will eine Fledermaus werden! Dann fliege ich durch die Nacht und fresse reife Bananen!«

Da begann die alte Maus, sich zu fledermausen: Sie klammerte sich mit dem Schwanz und den Füßen an einen Zweig, und so hing sie mit dem Kopf nach unten, wie es die Fledermäuse tun. Doch da bekam sie einen Schluckauf. Das hörte eine Fledermaus, die daherflog: »Was machst du denn da? Du willst dich wohl über mich lustig machen?« »Nein«, sprach die Maus, »ich will mich fledermausen.«

Die Fledermaus betrachtete sie und sagte: »Aber wir Fledermäuse haben keinen Schwanz.« Da warf die Maus ihren Schwanz ab und hielt sich nur noch mit den Füßen fest. Die Fledermaus betrachtete sie und sagte: »Aber wir Fledermäuse haben Flügel!« Da reckte und streckte sich die Maus und dehnte und dehnte ihre alte Haut – bis ihr Flügel wuchsen.

Da flog die Fledermaus zu ihrem Volk und sagte: »Stellt euch vor, was ich gesehen habe: Dort hinten im Baum, da hängt eine Maus, dich sich fledermaust. Lasst sie in Ruhe, damit sie sich verwandeln kann!« Die Fledermäuse riefen: »Eine Maus, die sich fledermaust! Das müssen wir sehen!«, und flugs waren sie hinge-

flogen.»Und, Maus?«, fragte die Fledermaus,»ist deine Verwand-
lung schon gelungen?«»Ich habe mich verwandelt, und ich möcht'
für mein Leben gern fliegen«, sagte die Maus,»aber ich trau mich
nicht.« Da sprach die Fledermaus:»Fürchte dich nicht, los, fliege!
Es ist wunderschön!« Die alte Maus aber zitterte, hielt sich fest
und blieb hängen.»Ich werde dich das Fliegen lehren«, sagte die
Fledermaus,»hab Vertrauen! Breite deine Arme aus, schwinge
deine Flügel, und dann lass dich fallen. Und du wirst sehen: Du
kannst fliegen!«

Da spannt die Maus ihre Flügel aus, schwingt sie, lässt los – und
fliegt! Die Maus fliegt! Sie ruft:»Es ist wunderschön!« und fliegt
davon durch die Nacht.

Ob sie Bananen findet? Viele Bananen! Und die reifen, die frisst
sie. Wenn du einmal in den Nachthimmel schaust und alles ganz
still wird, kannst du sie vielleicht sehen, die Maus, die sich fledermauste. Doch die Augen der Menschen können sie nur schwer
finden. Sie aber sieht dich, auch im Dunkeln.

Märchen der Caxinauá-Indianer aus Brasilien

Momotaro

*V*or langer Zeit lebte einmal ein armes Ehepaar, das war alt geworden und hatte keine Kinder. Eines Tages wusch die Frau Wäsche am Fluss. Da trieb auf dem Wasser ein schöner großer Pfirsich daher, rund und rosig. Freudig griff sie danach und hob ihn auf für daheim, denn sie dachte an ihren Mann, der sollte auch davon bekommen. Vorsichtig schnitt der Mann den Pfirsich in zwei Hälften. Da sprang daraus ein kleiner Knabe hervor. Die beiden freuten sich, denn nun hatten sie endlich einen Sohn. Sie nannten ihn Momotaro, Pfirsichjunge.

Momotaro wuchs zu einem schönen Jüngling heran. Nun wollte er den Eltern ihre Liebe danken und sie aus ihrer Armut befreien. Da hatte er einen Traum: Er fuhr übers Meer nach Onigaschima, der Insel der bösen Geister. Der Sage nach lag dort, verborgen in einer Höhle, ein gewaltiger Schatz. Doch kein Mensch traute sich auf die Insel, denn dort hausten die Oni, und ihr Oberhaupt bewachte den Schatz. Im Traum aber besiegte Momotaro die bösen Geister und fand den Schatz.

Als er erwachte, übte er sich in den Kampfkünsten, denn er wollte sich für die Reise rüsten. Dann ging er zu den Eltern und sagte, dass er nach Onigaschima wolle. Die beiden waren bestürzt, dass sie ihren Jungen verlieren sollten. Sie weinten und baten, er möge sein Vorhaben aufgeben. Doch Momotaro sagte: »Im Traum kamen mir die Götter zu Hilfe!« Da dachten sie daran, dass sie dank der Götter den Pfirsich fanden und Momotaro bekamen, und sie vertrauten darauf, dass die Götter ihm gnädig blieben. Momotaro rüstete sich zum Abschied, und die Eltern bereiteten eine Menge köstlicher Klöße, die gaben sie ihm mit auf die Reise.

Nach einer Weile kam ihm ein Hund entgegen, der sprach: »Lass mich mit dir ziehen, ich will dir treu dienen, wenn du mir von deinen köstlichen Klößen gibst.« Momotaro erfüllte ihm den Wunsch, und so zogen sie gemeinsam weiter. Da begegnete ihnen ein Affe, der sprach: »Ich will dir helfen, wenn du mir von den köstlichen Klößen gibst.« Momotaro gewährte es, und dem Affen schmeckten sie so gut, dass er seinen Freund, den Fasan, herbeirief, damit er davon koste. Da bat auch der Fasan: »Nimm mich mit, ich will dir beistehen.« Und so zogen sie dem Meer entgegen. Dort fanden sie ein Boot, doch es lag weit im Wasser, an einen Pfahl gebunden. Der Affe wusste Rat: »Hund, trage du mich auf deinem Rücken zum Boot, dann kann ich das Tau lösen, und wir können es gemeinsam holen.« Und so gelangten sie zur Insel.

Der Fasan fand den Eingang der Höhle. Momotaro zerschlug die eiserne Pforte, trat ein und staunte. Er hatte einen finstern, grausigen Ort erwartet, und nun fand er sich in einem hell glitzernden Palast wieder. Hier sollte das Oberhaupt der bösen Geister hausen? Gemeinsam mit den Gefährten fand er das Gemach. Doch als er darauf zuschritt, erschienen unzählige Kobolde, die wollten ihn daran hindern. Momotaro aber schlug um sich, bis sie die Flucht ergriffen, und er gelangte hinein. Als der Oni ihn sah, wurde er zornig und rief nach seiner Dienerschar, doch niemand ließ sich blicken. Momotaro schlug kräftig auf ihn ein. Der Affe aber sah, dass der Oni stärker war, da sprang er ihm flugs auf den Rücken und hielt ihm die Augen zu, sodass er Momotaro nicht sehen konnte; der Hund biss den Oni in die Beine, und der Fasan hielt draußen die Dienerschar fern und pickte jedem, der sich in die Nähe wagte, die Augen aus. Schließlich bat der Oni um sein Leben. Momotaro sprach: »Es sei dir gewährt, wenn du mir den Schatz gibst.« Da befahl der Oni seiner Dienerschar, sie solle alles ins Boot schleppen. Und so kehrten Momotaro und seine Gefährten mit dem Schatz heim.

Die Eltern freuten sich, als sie ihren Sohn glücklich und gesund wiedersahen. Nun hatten sie Gold, Silber und Edelsteine in Hülle und Fülle, und so konnten sie ohne Sorge leben. Momotaros Ruhm verbreitete sich im ganzen Land. Das hörte auch eine wunderschöne Prinzessin, die in einem großen, schönen Garten wohnte, und sie wünschte ihn sehnlichst zum Gemahl. Der Fasan erzählte es Momotaro. Und so heiratete er die Prinzessin, und sie lebten lange und glücklich miteinander. Auch den alten Eltern waren noch viele Jahre in Glück und Frieden vergönnt. Und die drei Gefährten, der Hund, der Affe und der Fasan, hielten Momotaro bis an sein Ende die Treue.

Märchen aus Japan

Das Dohlenmädchen

Es war einmal eine Frau, die wünschte sich ein Kind, doch was sie auch versuchte, sie bekam keins. Sie fragte alte Frauen um Rat, sie ging zu Hexen, es nützte alles nichts. Da betete sie zu Gott, er möge ihr doch ein Kind schenken, und sei es eine Dohle! Und da gebar sie eine Dohle.

Die Frau aber war glücklich. Sie dachte: »Gott hat mir diese Dohle geschenkt, damit ich etwas habe, was mir lieb ist.«

Die Dohle wuchs heran. Als die Mädchen ihres Alters begannen, die Wäsche am Fluss zu waschen, sprach sie zur Mutter: »Ich will auch Wäsche waschen, lass mich gehen!« Da belud die Mutter den Esel mit der Wäsche und setzte die Dohle obenauf, und sie ritt den Fluss hinunter, an eine verborgene Stelle. Dort aber streifte sie ihr Dohlengefieder ab, und da war sie ein wunderschönes Mädchen. Sie begann, die Wäsche zu waschen, und da hatte sie ein Kleid an, das war von reiner Seide. Als sie die Wäsche zur Hälfte gewaschen hatte, trug sie ein Kleid von Silber. Und als sie fertig war, da trug sie ein Kleid, das war ganz aus Gold. Dann aber zog sie wieder ihr Dohlenkleid an.

Der Sohn des Zaren saß am Flussufer und sah das alles. Da ging er zum Zaren und sagte: »Vater, ich will mich verheiraten, ich will eine Dohle zur Frau nehmen.« Der Zar verwunderte sich: »Warum willst du eine Dohle zur Frau, wo du so viele Zarentöchter haben kannst?« Doch der Zarensohn bestand darauf: »Ich will nur sie, die Dohle, und keine andere.« Der Zar redete vergeblich und gab schließlich nach. Da hielten der Zarensohn und die Dohle Hochzeit. Im Brautgemach aber legte sie das Dohlenkleid ab, und da war sie das schönste Mädchen im ganzen Reich. Doch am Morgen streifte sie ihr Dohlenkleid über, und da war sie wieder eine Dohle. Der Zarensohn erzählte der Zarin davon. Die wollte es mit eigenen Augen sehen, und sie sagte, er solle in der andern Nacht die Türe offen lassen, damit sie hineinschlüpfen könne. Das tat der Sohn, und so sah die Zarin ihre schöne Schwiegertochter. Da nahm sie rasch das Dohlenkleid und verbrannte es. Nun war das Dohlenmädchen auch am Tag eine Frau.

Nach einer Weile kam ihre Mutter an den Zarenhof. Sie lief ihr entgegen und rief: »Mutter! Liebe Mutter!«, und umarmte und küsste sie. Die Mutter aber verwunderte sich über die Frau in Samt und Seide, die schöner war als die Sonne, und sagte: »Meine Tochter ist eine Dohle. Wo ist sie?« »Ich bin es, ich bin deine Tochter! Ich war eine Dohle, doch nun bin ich es nicht mehr.« »Gut, meine Tochter!«, sprach die Mutter und umarmte sie, »aber warum hast du mir nichts gesagt? Und warum hast du das Dohlengefieder bei mir nicht abgelegt?« Da sprach die Tochter: »Dir hat Gott eine Dohle geschenkt – wie du es dir gewünscht hast. Ich aber gehöre nun einem anderen und bin die Frau des Zarensohns. Und eine andere war es, die mein Dohlenkleid verbrannte. Hättest du es getan, so wäre ich gestorben.«

Mit dem Zarensohn aber teilte sie ein langes Leben in Glück und Freude.

Märchen aus Serbien

Wie die Fische
auf die Welt kamen*

In jenen Zeiten, als die Welt noch jung war, gab es noch keine Fische. Tag für Tag saß ein alter Indianer am Fluss und schaute ins Wasser. Und Tag für Tag war er traurig, denn er sehnte sich danach zu fischen. Eines Tages ging er in den Urwald und suchte Blumen, viele Blumen: blaue, rote, gelbe, weiße, aller Art. Er ging an den Fluss und warf sie ins Wasser. Da wurden die Blumen Fische, viele Fische: blaue, rote, gelbe, weiße, aller Art. Und seitdem fischen die Indianer.

Märchen der Bororo-Indianer aus Brasilien

Das Kätzchen
und die Sahne *

Es war einmal ein junges Kätzchen, das sah in einer Ecke des Bauernhofs einen Bottich mit Sahne stehen. Da dachte es sich: »Wenn ich nur einmal, nur ein ganz klein wenig, daraus schlecke, so wird es schon keinem auffallen«, sprang auf den Rand des Bottichs und beugte sich hinunter. Doch da rutschte es ab und plumpste mitten in die Sahne.

Es strampelte, suchte Halt und wollte wieder herauskommen. Aber so sehr es sich auch bemühte, es wollte nicht gelingen. Das Kätzchen rutschte immer wieder an der Wand des Bottichs ab und konnte keinen Boden unter die Füße bekommen, denn es war viel, viel Sahne in dem Bottich. Es drohte unterzugehen. Aber das Kätzchen gab nicht auf. Es strampelte verzweifelt weiter und redete sich selbst gut zu: »Ich – gebe – nicht – auf, ich – gebe – nicht – auf.«

Und mit einem Mal war da etwas unter seinen Pfoten, etwas Hartes, und es ruderte nicht mehr nur ins Leere. Von diesem Funken Hoffnung angespornt, strampelte die kleine Katze mit neuer Kraft weiter; und dieses Etwas wuchs und wuchs, je mehr sie in der Sahne strampelte, bis es schließlich so groß war, dass sie endlich wieder Halt fand und mit einem großen Satz herausspringen konnte. Und wie das kam? Das Kätzchen hatte aus der Sahne Butter gemacht.

Märchen aus Deutschland

Wie die Geige
auf die Welt kam

Es waren einmal ein armer Mann und eine arme Frau, die hatten keine Kinder und grämten sich sehr. Eines Tages ging die Frau in den Wald, da begegnete sie einem alten Weib, das wusste um ihren Kummer und sprach: »Ich kann dir wohl sagen, wie du zu einem Kinde kommst: Geh nach Hause und zerschlage einen Kürbis, gieße Milch hinein und trinke sie. Dann wirst du einen Sohn gebären, und er wird glücklich und reich werden!« Die Frau tat, wie ihr geheißen war, und nach neun Monaten gebar sie einen schönen Knaben. Doch die Frau sollte nicht lange glücklich bleiben: Schon bald wurde sie krank und starb. Und als der Knabe zu einem Jüngling von zwanzig Jahren herangewachsen war, da starb auch der Vater. Da dachte sich der Jüngling: »Was soll ich noch hier? Ich gehe in die weite Welt und suche mein Glück.« Er zog von Dorf zu Dorf, von Stadt zu Stadt, aber nirgends fand er sein Glück.

Schließlich kam er in eine große Stadt, dort sah er im Fenster des Schlosses die wunderschöne Königstochter stehen und verlor augenblicklich sein Herz an sie. Der König aber hatte verkünden lassen: »Nur der soll meine Tochter zur Frau bekommen, der etwas erschaffen kann, was es vordem noch nicht gegeben hat auf der Welt. Wer aber die Probe nicht besteht, der muss sterben.« Viele Männer hatten bereits ihr Glück versucht, aber sie wurden alle aufgehängt. Denn was sie auch vorzeigten: Immer fand sich jemand, der es schon gesehen hatte. Als der Jüngling von der Aufgabe hörte, ging er zum König und sprach: »Ich will deine Tochter zur Frau haben; sag', was soll ich machen?« Da ward der König zornig: »Denkst du, ich löse die Aufgabe für dich? Du willst mich wohl hereinlegen? Oder bist du so dumm? Beides verdient den Kerker, also fort mit dir!« Und so landete der Jüngling im Kerker und sollte dort elendig verschmachten.

Kaum aber, dass die Türe hinter ihm ins Schloss fiel, wurde es mit einem Mal hell, und die Feenkönigin Matuya erschien, die sprach: »Verzage nicht. Du sollst die Königstochter heiraten! Hier hast du ein Kästchen und einen Stab. Reiße mir Haare vom Kopf und spanne sie darüber!« Der Jüngling tat dies, und die Matuya sagte: »Dieses Kästchen soll eine Geige werden und soll die Menschen froh oder traurig machen, wie du es willst.« Sie nahm das Kästchen und lachte hinein; dann begann sie zu weinen und ließ ihre Tränen in das Kästchen fallen. Dann reichte sie es dem Jüngling und sprach: »Nun streiche mit dem Stab über die Haare des Kästchens!« Der Jüngling tat es, und da strömten Lieder daraus, die das Herz bald traurig, bald fröhlich stimmten, Lieder, so schön, wie sie noch keiner gehört hatte.

Die Matuya verschwand. Die Wächter aber hörten die wunderbaren Melodien, und das Herz wurde ihnen weich. Sie liefen zum König und berichteten ihm davon. Der König ließ den Gefangenen zu sich führen. Da sprach der Jüngling: »Nun also höre und sieh, was ich gemacht habe!«, und er begann zu spielen, und dabei dachte er an die schöne Königstochter, und all sein Sehnen, Bangen und Hoffen klang aus der Geige. Und wenn die Geige lachte, dann lachte der König. Und wenn sie weinte, dann weinte er. Da war der König ganz außer sich vor Freude, und er gab dem Jüngling seine Tochter zur Frau, und sie lebten in Glück und Freude. Die Geige aber verzaubert noch heute die Menschen.

Märchen der Zigeuner

Die eitle Ajagaga

Es war einmal ein junges Mädchen, das hieß Ajagaga. Sie war das hübscheste Mädchen weit und breit und sehr stolz darauf. Es gab keinen Spiegel, in den sie nicht hineinschaute: Sie bewunderte sich im blanken Kupferkessel, in der Pfanne, im Brunnen, immerzu, und konnte sich gar nicht sattsehen an ihrem Spiegelbild. Dabei wurde sie immer fauler; sie meinte auch, die Arbeit könne ihrer Schönheit schaden, bis sie schließlich nichts anderes mehr tat als sich bespiegeln und bewundern.

Die arme Mutter musste alles allein besorgen. Einmal trug sie ihr auf, Wasser zu holen. Da antwortete Ajagaga: »Nein, ich werde ins Wasser fallen!« Sprach die Mutter: »Dann halt' dich am Strauch fest!« »Nein, der Strauch könnte abbrechen.« Sprach die Mutter: »Dann nimm einen kräftigen Strauch!« »Nein, er würde mir die Hände zerkratzen.« Sprach die Mutter: »Dann zieh Handschuhe an!« »Nein, die würden zerreißen.« Sprach die Mutter: »Dann flicke die Handschuhe!« »Nein, die Nadel könnte zerbrechen.« Sprach die Mutter: »Dann nimm eine dicke Nadel!« »Nein, sie könnte mich in den Finger stechen.« Sprach die Mutter: »Dann steck einen Fingerhut an den Finger!« »Nein, der Fingerhut könnte zerbrechen.« Da trat die Nachbarstochter hinzu, die alles mit angehört hatte, und sagte zu der Mutter: »Komm, gib mir den Kessel«, und da ging sie das Wasser holen.

Die Mutter stand derweil in der Küche und buk Pfannekuchen. Als Ajagaga die duftenden Pfannekuchen roch, rief sie: »Gib mir einen Pfannekuchen!« Die Mutter aber antwortete: »Nein, der Pfannekuchen ist zu heiß, er wird dich verbrennen.« Sprach Ajagaga: »Dann zieh ich mir Handschuhe an!« »Nein, die Handschuhe sind nass.« Sprach Ajagaga: »Dann trockne ich sie am Herd!« »Nein, davon werden sie hart.« Sprach Ajagaga: »Dann klopfe ich sie wieder weich!« »Nein, da würden deine hübschen Hände leiden«, sagte die Mutter und entschied: »Ich gebe den Pfannekuchen der Nachbarstochter.«

Da rannte Ajagaga wütend hinaus und setzte sich an den Fluss. Das Nachbarmädchen ging munter kauend hinterher. Weil aber der Pfannekuchen so gut duftete, sah sich Ajagaga um und reckte den Hals nach dem Pfannekuchen, und reckte und reckte ihn, und ihr Hals wurde immer länger und länger. Da sagte die Nachbarstochter: »Komm, Ajagaga, ich geb dir die Hälfte ab!« Aber Ajagaga wurde nur noch zorniger und war schon ganz weiß im Gesicht; sie zischte und krächzte: »Von dir will ich ga-ga-ga-gar nichts-ts-ts-ts«, und wedelte wild mit den Armen herum und wedelte und wedelte und verlor den Halt und fiel ins Wasser, und da wurden ihre Arme zu Flügeln und sie verwandelte sich in eine weiße Gans. Da schwamm sie nun umher und betrachtete ihre weiße Schönheit auf dem spiegelnden Wasser; und den Pfannekuchen und die Mutter und alle Worte hatte sie vergessen. Nur ihren Namen nicht, den schrie sie immerfort: »Aja-gaga-gaga ...«

Märchen aus Sibirien

Der Prinz
mit den Eselsohren*

Es waren einmal ein König und eine Königin, die waren sehr traurig, denn sie hatten keine Kinder. Da riefen sie drei Feen, die sollten ihnen zu einem Sohn verhelfen. Die Feen versprachen, ihren Wunsch zu erfüllen, und wollten auch bei der Geburt zugegen sein. Und da geschah es, dass die Königin einen Sohn gebar, und die Feen schenkten dem Kind ihre Gaben. Die erste Fee sprach: »Du sollst der schönste Prinz der Welt sein.« Die zweite Fee: »Du sollst tugendsam und verständig sein.« Die dritte Fee aber sagte: »Dir sollen Eselsohren wachsen, damit du nicht stolz und hochmütig wirst.« Der König erschrak und bat, sie möge ihren Wunsch zurücknehmen, denn wie konnte einer mit Eselsohren je König werden! Aber die Feen verschwanden, und bald darauf wuchsen dem Prinzen Eselsohren. Da beschloss der König, dass niemand es je erfahren dürfe, und er ließ eine Mütze anfertigen, die saß dem Prinzen fest auf dem Kopf und verdeckte die langen Eselsohren. Fortan trug er die Mütze Tag und Nacht, und legte sie selbst im Schlafe nie ab.

Der Prinz wurde von Tag zu Tag schöner, und niemand im Reich ahnte, dass er Eselsohren hatte. Aber dann kam er in das Alter, da er rasiert werden musste; auch war es nötig, ihm einmal die Haare zu schneiden. Da ließ der König einen Barbier rufen und sagte zu ihm: »Du sollst den Prinzen rasieren; aber wenn du auch nur einem Menschen sagst, was du unter seiner Kappe gesehen hast, so musst du sterben.« Den Barbier aber drängte es immer mehr zu erzählen, was er gesehen hatte, doch die Angst, sterben zu müssen, hieß ihn schweigen. Eines Tages aber hielt er es nicht mehr aus und ging zur Beichte und sagte dem Beichtvater: »Ich habe ein Geheimnis, das drückt mich derart, dass ich daran noch zugrunde gehe, wenn ich es nicht jemandem erzähle. Doch das darf ich nicht, weil mich dann der König töten lässt. Was soll ich nur tun?« Der Beichtvater sagte: »Mein Sohn, gehe ins Tal, grabe dort ein Loch und spreche da dein Geheimnis hinein; dann schütte das Loch wieder zu. Das wird dich von der Last befreien, und die Erde bewahrt das Geheimnis.« Der Barbier tat, wie ihm geheißen. Und als er das Loch zugeschüttet hatte, da ging er frohen Mutes nach Hause.

An der Stelle aber, wo der Barbier das Loch gegraben hatte, wuchs nach geraumer Zeit Schilfrohr. Und als dort Hirten mit ihren Herden vorbeikamen, schnitten sie das Rohr ab und machten sich Flöten daraus. Und wie sie auf den Flöten spielten, da erklangen Stimmen, die sangen: »Unser Prinz hat Eselsohren, Eselsohren.« Da verwunderten sich alle, und flugs verbreitete sich die Neuigkeit im ganzen Reich und kam auch dem König zu Ohren. Da befahl er, dass einer der Hirten mit seiner Flöte zu ihm kommen und darauf spielen solle. Doch ganz gleich, was der Hirte zu spielen versuchte, die Flöte sang stets nur das eine Lied: »Unser Prinz hat Eselsohren, Eselsohren.« Da griff der König nach der Flöte und spielte selbst darauf; aber auch er konnte nicht anders, er spielte: »Unser Prinz hat Eselsohren, Eselsohren.«

Da ließ der König den Barbier rufen und wollte ihn richten lassen. Der junge Prinz aber bat für sein Leben. Und er zog vor versammeltem Hof seine Mütze ab und rief: »So mögen es denn alle wissen, dass ich Eselsohren habe. Ich kann trotzdem ein guter König sein.« Doch als die Mütze vom Kopf war, da waren die Eselsohren verschwunden. Wie groß war da die Freude aller. Und von dem Tag an sangen das Schilfrohr und die Flöten der Hirten auch nicht mehr: »Unser Prinz hat Eselsohren, Eselsohren.«

Märchen aus Portugal

Der Krötenkaiser

Es war einmal ein Ehepaar, das war alt geworden und hatte keine Kinder. Darüber waren die beiden traurig. Jeden Tag gingen sie in den Tempel, aber ihre Gebete wurden nicht erhört. Eines Tages betete die Frau: »Ach, hätten wir doch ein Kind, wir wären zufrieden, und wenn es auch eine Kröte wäre!« Bald darauf war sie schwanger, und sie gebar eine Kröte. Die hüpfte sogleich herum, und sagte bald »Vater« und »Mutter« zu den alten Leuten. Da erschraken sie, denn sie hatten auf einen Sohn gehofft, und nun hatten sie einen garstigen Kröterich. Sie dachten: »Es wäre für alle das Beste, wenn wir das Tier töten.« Der Kröterich aber bat sie, ihn aufzuziehen: »Nach zwei Jahren bin ich erwachsen, dann kann ich euch zur Hand gehen!« Da ließen sie ihn am Leben.

Eines Tages hing am Stadtwall ein kaiserlicher Aufruf: »Der Feind ist im Anmarsch und droht, in die Stadt einzufallen. Wer dem Kaiser zum Sieg verhilft, wird reich belohnt und bekommt die Prinzessin zur Frau.« Da sprang der Kröterich hoch, riss den Aushang ab und ging damit zum Kaiser. Der verwunderte sich, als er den Kröterich sah. Doch als dieser ohne Zaudern fünfhundert Mann, ein großes Pferd und ein schönes Schwert forderte, da gewährte er es ihm. Und so zog der Kröterich mit seinem Gefolge vor den Feind. Als die Krieger eine Kröte zu Pferd sahen, waren sie verwirrt. Der Kröterich aber nutzte die Gelegenheit und besiegte den Feind. Als er in die Stadt zog, jubelten ihm alle zu, und er wurde der kaiserliche Schwiegersohn.

Dem Kaiser aber war dabei gar nicht wohl zumute. Er ekelte sich, wenn der Kröterich am Tische saß oder wenn er gar auf den Kaiserthron sprang und darauf sitzen blieb. Da befahl der Kaiser, die Kröte zu töten. Die Prinzessin aber sagte: »Das darf nicht geschehen. Denn wisset: In der Nacht, wenn wir zu Bette gehen, legt der Kröterich seine Haut ab und ist der schönste Jüngling, und ich liebe ihn von ganzem Herzen!« Der Kaiser wollte es nicht glauben, war aber neugierig geworden. Und so schlich er in der Nacht ins Zimmer der Prinzessin, um es mit eigenen Augen zu sehen. Und wirklich, da hing die Krötenhaut am Bett. Er schlich heran, nahm sie und schlüpfte hinein, denn er wollte sie einmal anprobieren. Nun wollte er sie wieder ausziehen. Doch so sehr er sich auch mühte: Die Krötenhaut wurde er nicht mehr los. Am andern Morgen fand die Prinzessin statt der Krötenhaut den Mantel ihres Vaters. Da gab sie ihrem Mann den Kaisermantel. Und er passte ihm ganz ausgezeichnet. Der alte Kaiser aber kroch fort und ward nie mehr gesehen.

Märchen aus Taiwan

Der Mann mit der hässlichen Frau

Es waren einmal ein Mann und eine Frau, die lebten in Eintracht und Frieden miteinander. Die Frau hatte ein gutes Herz, aber sie war hässlich, und insgeheim dachte der Mann: »Ach, hätt' ich doch eine schöne Frau.« Eines Nachts erschien ihm im Traum ein Dschinn, der sprach: »Du hast drei Wünsche frei!« Am andern Morgen erzählte er seiner Frau von dem Traum. Da bat sie: »Könntest du nicht einen der drei Wünsche für mich tun?« »Ja, was wünschst du dir denn?«, fragte der Mann. Die Frau wusste längst, was er insgeheim dachte, und so sagte sie: »Ich wünsche mir, nicht mehr so hässlich zu sein.« Da rief der Mann: »Dann wünsche ich mir, dass du wunderschön bist«, und im selben Augenblick war die Frau schön – so schön, dass er kaum glauben konnte, sie sei noch dieselbe.

Am nächsten Tag gingen der Mann und die Frau spazieren, damit alle sähen, wie schön sie nun war. Und da drehten sich nicht nur die Männer nach ihr um, auch die Frauen schauten ihr bewundernd nach. Als sie am Palast vorbeikamen, stand gerade der König am Fenster. Und als der die schöne Frau sah, da wollte er sie für sich haben. Er schickte sogleich seine Soldaten los, die nahmen die Frau fort und schleppten sie in den Palast. Da ging der Mann traurig nach Hause und dachte: »Meine Frau werde ich nie wiedersehen, der König wird sie für sich behalten – schön, wie sie ist. Ach, hätte ich sie nur nie so schön gewünscht! Nun bin ich ganz allein.«

Wie er da so traurig saß, fiel ihm ein, dass er ja immer noch zwei Wünsche frei hatte. Sollte er sich eine andere Frau wünschen? Doch das brachte er nicht übers Herz, denn er musste immerzu an seine Frau denken. Da dachte er: »Wenn sie nun wieder hässlich wäre, dann würde der König sie nicht mehr haben wollen. Ich will mir also wünschen, dass sie so hässlich wird wie zuvor, dann wird der König sie fortschicken.« Doch dann zögerte er: »Wer weiß? Wenn der König sie inzwischen liebgewonnen hat, wird sie ihm auch noch gefallen, wenn sie hässlich ist«, und er überlegte weiter. Dann rief er: »Ich hab's: Ich wünsche mir, dass meine Frau zur Äffin wird! Die wird der König nicht haben wollen.« Und so wurde die Frau zur Äffin. Da erschrak der König und jagte sie aus dem Palast. Sie lief zur Hütte ihres Mannes, dort setzte sie sich hin und weinte.

Der Mann schaute sie an. Lange dachte er nach, denn er war nun vorsichtig geworden mit dem Wünschen. Endlich sagte er: »Als der König dich geraubt hatte und ich dich verloren glaubte, da wusste ich nicht mehr, dass du hässlich warst, sondern nur, dass du gut bist und dass ich dich liebe. Ich wünsche mir also einfach nur, dass du wieder meine Frau bist.« Da verwandelte sich die Äffin in seine Frau, und sie sah genauso aus wie früher. Aber sie kam ihm nun gar nicht mehr hässlich vor. Für ihn war sie schön.

Märchen aus Afrika

Die Wassernixe*

Ein Brüderchen und ein Schwesterchen spielten an einem Brunnen, und wie sie so spielten, plumpsten sie beide hinein. Da war unten eine Wassernixe, die sprach: »Jetzt hab' ich euch, jetzt sollt ihr mir brav arbeiten«, und führte sie mit sich fort. Dem Mädchen gab sie verwirrten garstigen Flachs zu spinnen, und es musste Wasser in ein hohles Fass schleppen, der Junge aber sollte einen Baum mit einer stumpfen Axt hauen; und nichts zu essen bekamen sie als steinharte Klöße.

Da wurden zuletzt die Kinder so ungeduldig, dass sie warteten, bis eines Sonntags die Nixe in der Kirche war, da entflohen sie. Und als die Kirche vorbei war, sah die Nixe, dass die Vögel ausgeflogen waren, und setzte ihnen mit großen Sprüngen nach. Die Kinder erblickten sie aber von Weitem, und das Mädchen warf eine Bürste hinter sich, das gab einen großen Bürstenberg, mit tausend und tausend Stacheln, über den die Nixe mit großer Müh klettern musste; endlich aber kam sie doch hinüber. Wie das die Kinder sahen, warf der Knabe einen Kamm hinter sich, das gab einen großen Kammberg mit tausendmal tausend Zinken, aber die Nixe wusste sich daran festzuhalten und kam zuletzt doch drüber. Da warf das Mädchen einen Spiegel hinterwärts, welches einen Spiegelberg gab, der war so glatt, so glatt, dass sie unmöglich drüber konnte. Da dachte sie: »Ich will geschwind nach Haus gehen und meine Axt holen und den Spiegelberg entzweihauen.« Bis sie aber wiederkam und das Glas aufgehauen hatte, waren die Kinder längst weit entflohen, und die Wassernixe musste sich wieder in ihren Brunnen trollen.

Märchen der Brüder Grimm

Der Zauberhut

 eit oben im Norden lebte der Jäger Kejan. Eines Tages fand er in der Falle einen schönen Silberfuchs. Der würde einen guten Pelz abgeben. Doch da sprach der Fuchs: »Lass mich am Leben, es soll dein Schaden nicht sein. Ich werde dich reich belohnen.« Kejan sagte: »Womit willst du mich denn schon belohnen? Und wie sollte es mehr wert sein als dein Pelz?« »Du irrst«, sprach der Fuchs, »mein Fell brächte dir längst nicht so viel Nutzen wie dieser hölzerne Hut hier.« Und dabei fuhr er sich mit der Pfote über die Brust und hielt ihm einen kleinen spitzen Hut aus Holz hin. »Er ist dein, wenn du mir das Leben lässt.« Kejan betrachtete den Hut und dachte: »Was soll ich damit anfangen, der ist ja viel zu klein.« Doch dann dachte er, dass ein Fuchs, der sprechen kann, kein gewöhnlicher Fuchs sei, und so womöglich auch der Hut kein gewöhnlicher. »Was soll's, auf ein Fell mehr oder weniger kommt es nicht an«, sagte er sich und befreite den Fuchs aus der Falle.

Der reichte ihm den Hut und sprach: »Du wirst es nicht bereuen. Wenn du den Hut aufhast, kann dir nichts zustoßen.« »Der Hut ist so winzig, dass ich ihn nicht einmal aufsetzen kann«, dachte Kejan, doch dann versuchte er es, und der Hut wurde größer und größer und passte wie angegossen. Kejan nahm ihn ab, und da wurde er wieder klein wie zuvor. »Sieh einer an«, sagte Kejan und betrachtete das Hütchen staunend, »es scheint wirklich ein Zauberhut zu sein!«, und er wollte dem Fuchs danken, doch der war verschwunden.

Kejan machte sich auf den Heimweg. Da wurde er von einem Schneesturm überrascht. Das Gestöber war so dicht, dass er keinen Schritt weit sehen konnte, und der Wind so rasend, dass er abwechselnd zu Boden gedrückt und wieder hochgerissen wurde.

Kejan wusste nicht, wohin er nach Hause gehen musste und hatte Angst, er werde im Schneesturm umkommen. Da fiel ihm der hölzerne Hut ein, den der Fuchs ihm geschenkt hatte. Vorsichtig zog er ihn hervor, damit der Sturm ihn nicht wegriss, und setzte ihn auf, und da wuchs der Hut, bedeckte seinen Kopf und wuchs immer weiter, bis Kejan sich darunter verstecken konnte wie in einem Iglu. Unterm Hut war es warm und trocken, und Kejan schlief ein. Als er erwachte und den Hut ein wenig hob, sah er: Der Sturm hatte sich gelegt und die Sonne schien. Von nun an trug Kejan das Geschenk des Fuchses stets bei sich.

Eines Tages ging er mit seinem Bruder auf Robbenjagd. Sie hatten Glück und erlegten große Robben. Es war spät geworden und höchste Zeit heimzukehren, denn der Nordwind trieb mehr und mehr Schnee- und Eismassen heran, die drohten, den Rückweg zu versperren. Der Bruder hatte weniger erlegt, und so war sein Kajak leichter und schneller, und er erreichte rechtzeitig das Ufer. Kejan aber kam mit seiner schweren Last nur langsam voran, und plötzlich war er mitten im Treibeis gefangen. Der Bruder rannte verzweifelt am Ufer hin und her und wusste nicht, wie er Kejan helfen sollte. »Wirf mir den Riemen zu!«, rief Kejan. Der Bruder rannte zu seinem Kajak, zog einen Riemen hervor und warf ihn Kejan zu. Der band ihn sich um den Arm und rief: »Jetzt zieh!« Der Bruder zog, was er konnte, und Kejans Kajak näherte sich langsam dem Ufer. Doch da verfing sich der Riemen an einer großen Eisscholle und geriet darunter, und weil der Bruder weiter zog, fuhr das Kajak unter die Eisscholle und steckte unter Wasser fest.

Entsetzt dachte der Bruder: »Wenn es mir nicht rasch gelingt, ihn hervorzuziehen, ertrinkt Kejan«, und er zog und zog, doch alle Mühe war vergebens. Da ließ er den Riemen kurz locker und zog mit einem Ruck, um zu sehen, ob Kejan noch am Leben wäre. Und da kam vom anderen Ende ein Ruck als Antwort. Kejan lebte! Da fasste der Bruder neuen Mut, und er zog aus Leibeskräften, doch das Kajak steckte weiter fest. Aber immer wieder kam ein Ruck vom anderen Ende, also musste Kejan noch am Leben sein. Endlich gelang es dem Bruder doch, das Kajak hervorzuziehen. Da saß Kejan gesund und munter und rief: »Zieh, Bruder, zieh, mir ist kalt!« Wie war es möglich, dass er noch am Leben war? Kejan hatte rasch seinen Zauberhut aufgesetzt, und der war gewachsen und gewachsen, bis genug Luft darunter war und er die ganze Zeit unterm Eis atmen konnte.

Dankbar dachten die Brüder an den Fuchs, der Kejan so reich belohnt hatte.

Märchen der Eskimo

Kemanta

Am großen Wasser, wo die eisigen Wellen ans Ufer von Feuerland schlagen, lebte einst der Knabe Kemanta. Er war ein vortrefflicher Jäger und brachte meist mehr Beute heim als die erfahrensten Männer des Dorfes. Nur vom Fischfang wollte er nichts hören. Wenn die Männer mit ihren Kanus aufs Meer zogen, blieb er stets im Dorf und half den Frauen bei der Arbeit. Kemanta fürchtete das Wasser. Jeden Wassertropfen trocknete er sorgsam ab; wenn es regnete, ging er nicht aus dem Zelt, und wenn die anderen in den kurzen Sommern Feuerlands im seichten Wasser tollten, hielt er Abstand. Schließlich kam es soweit, dass ihn alle im Dorf auslachten und einen Feigling schimpften, und eines Tages trieben ihn der Vater und die Brüder aus dem Zelt.

Kemanta baute sich fern vom Dorf eine Hütte, dort lebte er ganz allein. Er wurde immer trauriger, denn er sehnte sich nach seiner Familie. »Wozu bin ich überhaupt gut?«, fragte er sich eines Abends, »sie haben mich zu Recht einen Feigling genannt, sie haben mich zu Recht verstoßen. Wozu soll ich noch leben?« Und er hockte sich auf seine Matte unter seinen Pelz und wartete auf den Tod.

Träumte oder wachte er? Plötzlich sah Kemanta neben sich einen seltsamen Alten: runde Fischaugen, die Hände und Füße mit Fischschuppen bedeckt, und als er Kemanta anlächelte, entblößte er lange spitze Zähne. »Hab keine Angst, ich bin der Meergeist und will dir helfen!«, sagte der Alte. »Mir kann niemand helfen«, antwortete Kemanta traurig, »ich fürchte das Wasser. Nie werde ich schwimmen lernen, nie mit den anderen aufs Meer hinaus zum Fischen fahren, nie wieder ins Dorf zurückkehren können.« Da sprach der Meergeist: »Wenn du willst, wirst du der beste Schwimmer!« »Wie soll das gehen?«, fragte Kemanta. Da zog der Meergeist eine schwarze runde Muschel hervor, reichte sie ihm und sprach: »Morgen in der Frühe, wenn die Wellen noch sanft ans Ufer schlagen, iss diese Muschel! Sie wird dir die Angst vor dem Wasser nehmen. Dann geh ans Meer, und ich werde dich das Schwimmen lehren.«

Als Kemanta am andern Morgen erwachte, dachte er an seinen Traum, und er seufzte. Doch da sah er neben sich auf der Matte die schwarze runde Muschel. Er nahm sie in die Hand und aß sie. Dann lief er ans Meer. Dort bereiteten die Männer gerade die Kanus für den Fischfang vor. Sie sahen, wie Kemanta ohne zu zögern ins kalte Wasser lief, wie es ihm bald bis zum Gürtel reichte, bis zur Brust, über die Schulter, wie er plötzlich in den Fluten versank. »Kemanta! Er ist ertrunken!«, riefen die Männer. Aber Kemanta war nicht ertrunken. Mit einem Sprung tauchte er wieder auf und schwamm auf einem Wellenkamm, dann warf er sich wieder ins Wasser, sprang heraus und schwamm auf der nächsten Welle, wieder und wieder, ein fröhlicher Tanz auf den Wellen. Die Männer am Ufer staunten: »Seht nur Kemanta!«

Doch was war mit Kemanta? Wie er nun aus dem Wasser auftauchte, waren zwischen seinen Fingern und Zehen Häute gewachsen, beim nächsten Mal waren sie zu Flossen geworden; noch ein Sprung, und Beine und Füße waren zusammengewachsen, noch einer, und sein Kopf war mit dem Rumpf verbunden, noch einer, und seine Nase war flach, und noch einer, da hatte sich sein Mund weit nach vorne gewölbt. Jedes Mal, wenn Kemanta wieder aus dem Wasser auftauchte, nahm er mehr und mehr die Gestalt eines Wasserwesens an.

Von dem Tage an begleitete Kemanta die Männer immer beim Fischen und trieb ihnen reiche Beute in die Netze. Und dabei sprang er aus dem Wasser, tanzte auf den Wellen und warf sich wieder ins Wasser. Was die Männer nicht wussten: Gesprungen ist er eigentlich nicht wirklich. Es war der Meergeist, der mit ihm spielte und ihn dabei immer wieder in die Höhe warf. Und so, wie er mit Kemanta spielte, so macht es der Meergeist auch heute noch mit seinen Nachkommen, den Delfinen.

Märchen der Ona-Indianer aus Feuerland

Mani

In einem kleinen Dorf am Rande des Regenwaldes lebten die Menschen von dem, was der Wald ihnen schenkte: Die Männer gingen auf die Jagd, und die Frauen sammelten Früchte. Eines Morgens erschien ein fremdes Mädchen im Dorf. Seine Haut war weiß und die Haare hell wie Sternenlicht. Niemand hatte es zuvor gesehen. Es war wie vom Himmel gefallen. Die Indianer nahmen es auf und bauten ihm eine eigene Hütte, eine Oka. Sie gaben ihm den Namen Mani.

Mani war still und freundlich; sie wuchs schnell heran, obgleich sie nie von dem Fleisch nahm, das die Jäger heimbrachten. Auch Früchte aß sie nicht. Keiner wusste, wovon sie lebte. Doch immer, wenn die Jäger ohne Beute heimkehrten, ging Mani in ihre Oka und buk für alle wohlschmeckende weiße Fladen und verteilte sie an alle. Woraus sie zubereitet waren, wusste niemand. Sie aber aß nie davon. An jenen Tagen war Mani bleich und schmal. Und wenn das Jagdglück gleich tagelang ausblieb, dann schwankte sie vor Schwäche.

Eines Tages erschütterte ein gewaltiges Erdbeben den Urwald. Die Baumriesen fielen um, und die Tiere flohen in alle Himmelsrichtungen. Als die Erde sich wieder beruhigte, war der Urwald wie ausgestorben. Kein Vogel rief, kein Affe schrie, nicht einmal eine Zikade war zu hören. An den Bäumen hing keine einzige Frucht mehr, sie waren alle abgefallen und verfault. Das Dorf war verschont worden. Aber niemand traute sich in den Urwald, auf die Jagd. Alle hungerten.

Mani aber buk jeden Tag ihre Fladen und verteilte sie, und schaute den Indianern zu, wie sie ihren Hunger stillten. Und jeden Tag wurde sie bleicher und schmaler. Schließlich konnte sie sich kaum noch auf den Beinen halten. Da sprach Mani: »Ich weiß nicht, wie lange ich noch für euch backen kann. Ihr müsst wieder in den Urwald, auf die Jagd gehen. Und kommt ihr ohne Beute heim, so will ich euch weiter nähren.« Der Schamane rief in der Nacht die guten Geister an und bat um ihren Beistand für die Jagd. Im Morgengrauen gingen die Jäger in den Urwald. Doch am Abend kamen sie mit leeren Händen zurück. Da gingen sie zu Manis Hütte. Aber sie sahen keinen Rauch aufsteigen, rochen auch nicht den Duft der gebackenen Fladen. Sie schauten hinein. Manis Oka war leer.

Da wussten sie: »Mani ist von uns gegangen!«, und alle kamen und beweinten sie, und die Tränen fielen auf den Boden der Oka. Da brach dort, wo ihr Schlafplatz war, der Lehmboden auf, und ein Strauch wuchs hervor, wie ihn die Indianer nie zuvor gesehen hatten. Die Erde öffnete sich, und eine große Wurzel kam zum Vorschein, mit weißem Wurzelfleisch. Die Wurzel sah aus wie der Körper von Mani! »Manis Seele hat sich verwandelt«, sagten die Indianer. Und der Schamane sagte: »So lebt Mani weiter unter uns! Sie hat sich verwandelt, damit wir keinen Hunger mehr leiden müssen. Wir werden Mehl aus ihrer Wurzel gewinnen und Fladen backen – wie sie es für uns getan hat.«

Seit jener Zeit bauen die Indianer auf ihren Feldern diese Wurzel an. Und sie gaben ihr den Namen »Maniok«.

Märchen der Tupí-Indianer aus Brasilien

Die Schlangenkönigin

Es war einmal ein junges Hirtenmädchen, das fand eines Tages auf einem Felsen eine kranke Schlange. Das Mädchen hatte Mitleid und reichte ihr seinen Milchkrug hin. Die Schlange trank begierig von der Milch und erholte sich zusehends, bis sie endlich wieder so viel Kraft gewonnen hatte, dass sie davonkriechen konnte.

Nun geschah es, dass bald darauf ein junger Hirte beim Vater des Mädchens vorsprach und um ihre Hand anhielt. Er hatte das Herz auf dem rechten Fleck, war fleißig und gut zu Mensch und Tier, jedoch arm wie eine Kirchenmaus. Und so spottete der alte Hirte, der ein reicher und stolzer Mann war und für seine Tochter etwas Besseres als diesen Hungerleider wollte: »Wenn du erst einmal so viele Herden hast wie ich, dann geb'ich dir meine Tochter«, denn er wusste, dass das am Sankt-Nimmerleins-Tag sein würde. Von dem Tage an aber kam alle Nächte ein feuriger Drache und verwüstete dem Alten die Heuhütten, dass er bald kein Futter mehr für seine Herden finden konnte und ihm eine um die andere zugrunde ging. Da kam nun der junge Hirte wieder, denn er war jetzt so reich wie der Alte, und bat um die Hand des Mädchens; und der Alte konnte sie ihm nicht mehr verweigern. Am Hochzeitsmorgen aber erschien im Zimmer der Braut eine Schlange, drauf saß eine schöne Jungfrau, die sprach: »Hier hast du meinen Dank dafür, dass du mich in der Not mit Milch gespeist hast!« Sie nahm die glänzende Krone vom Haupt und legte sie der Braut in den Schoß. Darauf verschwand sie samt der Schlange, so plötzlich, wie sie gekommen war. Die Braut aber verwahrte die Krone gut und hatte damit ihr Leben lang Glück und Segen.

Märchen aus der Schweiz

Kleiner Bär auf Reisen *

Die Bären beschlossen eines Tages auszuwandern. Sie wollten die weite Tundra verlassen und in die Wälder des Pilzlandes ziehen. Also machten sie sich auf den Weg. Sie wanderten und wanderten: Vorneweg die großen Bären, hinterdrein die kleinen Bären, und der kleinste Bär trottete ganz am Schluss. Müde war er, und die Tatzen taten ihm weh. Er wimmerte, aber Mutter Bär ging voran und hörte ihn nicht. Der kleine Bär versuchte, die anderen einzuholen, aber er konnte kaum mehr die Tatzen heben. Da entdeckte er reife Brombeeren. Er blieb stehen und naschte von den süßen Früchten, bis er nicht mehr konnte. Und als er den Kopf hob und sich umsah, da war weit und breit kein Bär mehr zu sehen. Der kleine Bär stand ganz allein in der Tundra. Da wurde ihm bange, und er fing an zu weinen.

Plötzlich hörte er ein lautes »Quak!«; er erschrak und rannte davon, immer weiter, stieß sich die Tatze an einem Stein, zerkratzte sich das Fell im Gebüsch, rollte einen Abhang hinunter und fiel in den Fluss. Mühsam erreichte er das Ufer. Dort, zwischen Sumpfgrasbüscheln, schlief der kleine Bär ein. Als er am Morgen erwachte, saß neben ihm ein kleines Tier: lange Ohren, Stummelschwänzchen, Schnuppernase. »Wer bist du?«, fragte der kleine Bär. »Ich bin der Hase. Wie bist du hierhergekommen?« Da schluchzte der kleine Bär: »Wir sind auf dem Weg ins Pilzland. Und auf einmal war ich ganz allein.« Der Hase tröstete den kleinen Bären und nahm ihn mit in seine Jarange, sein Wohnzelt. Der kleine Bär durfte bleiben, und schon bald wurden sie Freunde. Keiner tat einen Schritt ohne den anderen: Hase knabberte Zweige, Bär schleckte Beeren, Hase klopfte Bär den Staub aus dem Pelz, Bär kämmte ihm mit den Krallen das Fell. Es war ein gutes Leben.

Eines Tages lief Hase an den Fluss, um zu trinken. Da sah er am anderen Ufer eine Bärin stehen. Er wollte schon Reißaus nehmen, dann aber dachte er: »Was soll sie mir dort drüben schon tun?«, und so rief er: »He, du, die Bären sind doch ins Pilzland gezogen, was tust du hier noch?« »Ich suche meinen kleinen Sohn, er ist mir auf der Reise verlorengegangen.« »Das ist sicher mein Freund, Kleiner Bär«, rief Hase, »komm, ich führe dich zu ihm. Wenn du ihn erkennst, so soll er mit dir ziehen, wenn nicht, so soll er bei mir bleiben.« Aus der Jarange schaute ihnen der kleine Bär entgegen, und als er seine Mutter sah, da lief er ihr freudig entgegen. Und wie Mutter Bär sich freute! Sie leckte ihrem Sohn von Kopf bis Fuß das Fell und sagte: »Wie gut, dass ich dich wiederhabe. Komm mit mir, mein Söhnchen!« Und der kleine Bär ging mit ihr.

Aber sie waren noch nicht weit gekommen, da drehte er sich um. Und da sah er seinen Freund Hase, wie er vor der Jarange saß und bitterlich weinte. Da jammerte der kleine Bär: »Wir müssen umkehren, Mutter! Ich will nicht auswandern!« Doch Mutter Bär sagte: »Komm, lass uns gehen! Die Wälder sind voller Pilze. Du wirst sehen: Es ist wunderschön dort!«, und sie führte ihren Sohn weiter fort, in den Wald zu ihrer Jarange. Der kleine Bär aber weinte und jammerte. Es gefiel ihm nicht im neuen Land. Mutter Bär gab ihm die köstlichsten Pilze zu essen. Er aß nicht. Mutter Bär spielte mit ihm. Er wollte nicht. »Ich mag das Pilzland nicht«, klagte der kleine Bär, »hier im Wald ist es dunkel, die Tundra ist so schön hell und die Beeren dort sind süß. Die Pilze hier schmecken bitter. Ich will zurück nach Hause!« Mutter Bär sah ihn traurig an, dann sagte sie: »Gut, Kleiner Bär, morgen früh gehen wir zurück in die Tundra!« Sie legten sich schlafen.

Im Morgengrauen hörte der kleine Bär, wie es vor der Jarange trippelte und trappelte. Er schlüpfte hinaus und da sah er seinen Freund Hase! Überglücklich tollten sie herum und spielten Verstecken zwischen den Bäumen. Mutter Bär erwachte und rüstete sich für den Rückweg. »Wo willst du hin, Mutter?«, fragte der kleine

Märchen von wunderbaren Begegnungen

Bär. »Zurück in die Tundra, du wolltest doch nach Hause, weil du das Pilzland nicht magst!« »Doch, jetzt mag ich es!«, rief der kleine Bär, »ich will nicht mehr fort! Hier ist jetzt mein Zuhause!« Und so blieben sie im Pilzland: Mutter Bär, der kleine Bär und sein Freund Hase.

Märchen der Tschuktschen aus Russland

Der Hund mit den
kleinen Zähnen*

Es war einmal ein Kaufmann, der war oft auf Reisen. Eines Tages überfielen ihn Räuber, und es schien, als müsse er sein Leben lassen, doch da sprang zu seiner Rettung ein großer Hund herbei, der trieb die Räuber in die Flucht. Der Hund führte den Kaufmann in sein Waldhaus; dort wusch er seine Wunden und pflegte ihn, bis er geheilt war. Als der Kaufmann zur Heimreise aufbrach, dankte er dem Hund für seine Güte und fragte: »Was darf ich dir schenken? Ich will dir nichts abschlagen, auch nicht das Kostbarste, was ich habe. Ich besitze einen Fisch, der spricht zwölf Sprachen. Willst du den?« »Nein«, sagte der Hund, »den will ich nicht.« »Oder eine Gans, die goldene Eier legt?« »Nein«, sagte der Hund, »die will ich nicht.« »Oder einen Spiegel, der dir zeigt, was jeder gerade denkt?« »Nein«, sagte der Hund, »den will ich nicht.« »Was willst du dann haben?«, fragte der Kaufmann. Da sagte der Hund: »Gib mir deine Tochter zur Frau und erlaube, dass ich sie in mein Haus führe.« Da erschrak der Kaufmann, als er das hörte, und wurde traurig, doch er hatte es nun einmal versprochen, und so sagte er: »Also komm und hole sie in einer Woche.« Zur vereinbarten Zeit erschien der Hund am Tor, und die Tochter trat vors Haus, gerüstet zur Reise. Der Hund schaute sie freudig an und sagte: »Setz dich auf meinen Rücken«, dann trug er sie in schnellem Trab in sein Haus.

Doch nach einer Weile ließ das Mädchen den Kopf hängen, und die Tränen rollten ihr über die Wangen. »Warum weinst du?«, fragte der Hund. »Ach«, seufzte sie, »ich möchte heim zu meinem Vater.« »Also gut«, sprach der Hund, »wenn du mir versprichst, dass du nicht mehr als drei Tage dort bleibst, so will ich dich zu deinem Vater tragen. Doch erst sage mir: Wie nennst du mich in deinem Herzen?« Da antwortete sie: »Großer hässlicher Hund mit den kleinen Zähnen.« »Dann«, sagte der Hund, »kann ich dich nicht gehen lassen.« Aber das Mädchen weinte so bitterlich, dass er schließlich sprach: »Also gut, ich will dich hintragen. Doch sage mir erst: Wie nennst du mich?« Da antwortete sie: »Süß wie eine Honigwabe!«, und er trabte mit ihr los. Nach einiger Zeit kamen sie an einen Zaun. Da hielt der Hund inne und fragte: »Und? Wie nennst du mich?« Das Mädchen aber wähnte sich schon fast zuhause und sagte: »Großer hässlicher Hund mit den kleinen Zähnen.« Da machte der Hund kehrt und trug sie zurück.

Nach einer Weile weinte das Mädchen wieder, und der Hund versprach ihr von Neuem, sie zum Vater zu tragen. Das Mädchen setzte sich auf seinen Rücken, und als sie an den Zaun kamen, fragte der Hund wieder: »Und? Wie nennst du mich?« »Süß wie eine Honigwabe!«, da sprang er über den Zaun und trug sie weiter, bis sie an einen zweiten Zaun kamen. »Und? Wie nennst du mich?«, fragte der Hund und wedelte mit dem Schwanz. Doch sie war in Gedanken beim Vater und sagte: »Großer hässlicher Hund mit den kleinen Zähnen.« Da kehrte der Hund wieder um.

Nach einer Weile weinte sie wieder so bitterlich, dass sich der Hund nochmals mit ihr auf den Weg machte. Beim ersten und zweiten Zaun sagte sie: »Süß wie eine Honigwabe!« und war fest entschlossen, ihm nur noch die liebsten Koseworte zu sagen. Als sie des Vaters Haus erreichten, fragte der Hund am Tor: »Und? Wie nennst du mich?« Aber da waren alle Koseworte vergessen, und gedankenverloren sagte sie: »Großer ...«, und schon wandte der Hund sich um; sie aber klammerte sich an die Klinke und wollte gerade »... hässlicher« sagen, da sah sie ihm in die Augen und sah, wie traurig er war, und sie musste daran denken, wie gut er immer zu ihr gewesen war und wie geduldig, und da sagte sie: »Süßer als eine Honigwabe!«

Da stellte sich der Hund mit einem Mal auf die Hinterbeine, zog mit seinen Pfoten an seinem Kopf und warf ihn hoch in die Luft, und sein Haarkleid fiel von ihm ab, und vor ihr stand der schönste

Jüngling von der Welt, mit den feinsten, kleinsten Zähnen, die man sich nur wünschen konnte. Da gab er ihr einen Kuss, der war süßer als eine Honigwabe, und sie hielten Hochzeit und lebten lange und glücklich miteinander.

Märchen aus England

Das Lebenswasser

*J*n alten Zeiten, als Zeder, Fichte und Kiefer im Winter noch ihre Nadeln verloren wie die anderen Bäume ihre Blätter, ging im Lande der Tofalaren ein Mann auf die Jagd. Lange ging er, weit wie kein anderer Jäger vor ihm; da kam er an einen großen Sumpf. Kein Tier konnte ihn überqueren, kein Vogel überfliegen. Er dachte: »Was mögen hinter dem Sumpf wohl für Tiere und Vögel sein?«, und er war so neugierig, dass er Anlauf nahm und sprang; und mit einem Satz war er drüben, auf der anderen Seite des Sumpfes.

Er sah sich um: genau solche Erde, genau solche Bäume, genau solches Gras. »Da hätte ich nicht zu springen brauchen!«, dachte der Tofalare. Doch dann sperrte er vor Verwunderung den Mund auf. Dort, auf einer kleinen Lichtung, standen Hasen mit Sätteln auf dem Rücken. Sie schienen auf ihre Reiter zu warten. Und da kamen sie auch schon, sie krochen aus Erdhöhlen hervor: winzige Menschlein, so klein, dass sie die Hasen nur knapp überragten. »Wer seid ihr?«, fragte der Mann. »Wir sind die ewigen Menschen. Wir waschen uns mit Lebenswasser. Darum sterben wir nie. Und wer bist du?« »Ich bin ein Jäger.« Das freute die Menschlein, alle riefen: »Wie schön!« Da trat der Älteste hervor, ein Menschlein mit langem weißem Bart, und sprach: »Ein schrecklich großes Tier versetzt unser Land in Angst und Schrecken. Es hat einen der Unseren angefallen und getötet. Wir sind ewig und sterben nicht von selbst, doch vor solchen Angriffen kann uns auch das Lebenswasser nicht schützen. Du bist ein Jäger. Kannst du uns in unserer Not helfen?« »Warum sollte ich es nicht können?«, sagte der Mann, dachte aber im Stillen: »Ob ich wohl mit dem schrecklich großen Tier fertig werde?« Doch er machte sich auf den Weg.

Lange sah er nichts als Hasenspuren. Plötzlich aber fand er die Spur eines Zobels. Da packte ihn das Jagdfieber: »Solch eine Beute werde ich mir nicht entgehen lassen. Ich fange erst den Zobel, dann suche ich weiter.« Er spürte den Zobel auf und erlegte ihn. Dann nahm er das Zobelfell und machte weiter Jagd auf das schrecklich große Tier. Er durchstreifte das ganze Land, doch vergebens. Da kehrte er zu den ewigen Menschen zurück und sagte: »Ich habe überall gesucht, doch euer schrecklich großes Tier habe ich nicht gefunden. Nur einen Zobel, den habe ich erlegt«, und dabei holte er das Fell hervor. »Das ist es! Das ist das schrecklich große Tier!«, schrien die ewigen Menschen, »oh je, was für ein schrecklich großes Fell, oh je, was für schrecklich große Pfoten und, oh je, was für schrecklich spitze Krallen!« Der Älteste trat vor und sagte: »Du hast ein gutes Werk getan. Wir werden es dir und den Deinen vergelten! Wir werden kommen und euch von dem Lebenswasser bringen. Wenn ihr euch damit wascht, so werdet ihr ewig leben.« Der Jäger dankte und sprang zurück über den Sumpf.

In seinem Tal erzählte er allen, was er erlebt hatte, und sie warteten auf die ewigen Menschen. Der Tag verging, ein zweiter, viele Tage, doch die ewigen Menschen kamen nicht. Da geriet ihr Versprechen in Vergessenheit. Es war Winter geworden, und alles ringsumher zugefroren, auch der große Sumpf; da gingen die Frauen eines Tages in den Wald, um Reisig zu sammeln. Plötzlich kamen Hasen auf sie zu gesprungen. Sie waren gesattelt, und auf jedem saß ein winzig kleines Menschlein und hielt einen winzig kleinen Krug in der Hand. Das fanden die Frauen so drollig, dass sie lachen mussten: »Nein, seht nur, sie reiten auf Hasen!«, riefen sie. »Wie putzig!« »Ich sterbe vor Lachen!« Die ewigen Menschen hielten inne. Der Älteste rief den Menschlein etwas zu, und da schütteten alle ihre Krüge aus und das Lebenswasser versickerte in der Erde. Dann wendeten sie ihre Hasen und sprengten fort. Für die Tofalaren war das Lebenswasser verloren. Aber Zeder, Fichte und Kiefer, die wurden damit getränkt. Und seither verlieren sie ihre Nadeln nicht mehr und sind auch im Winter grün.

Märchen der Tofalaren aus Russland

Die Königstochter
in der Flammenburg

Es war einmal ein armer Mann, der hatte so viele Kinder wie Löcher in einem Sieb. Da wurde ihm noch ein Sohn geboren, und er hatte Not, einen Taufpaten zu finden, denn alle im Dorf hatte er bereits gefragt. Da setzte er sich an die Landstraße, um den Erstbesten zu bitten. Nach einer Weile kam ein alter Mann in einem grauen Mantel des Weges, der war einverstanden und half den Knaben zu taufen. Er schenkte dem armen Mann eine Kuh und seinem Patenkind ein Kalb, das war am selben Tag auf die Welt gekommen und hatte auf der Stirn einen goldenen Stern.

Der Knabe wuchs heran und das Kalb wurde ein großer Stier. Jeden Tag gingen sie gemeinsam den Berg hinauf auf die Weide. Der Stier aber konnte sprechen, und wenn sie oben angekommen waren, sagte er zum Knaben: »Bleib' ruhig hier und schlafe, ich will mir unterdes schon meine Weide suchen!« Sobald der Knabe eingeschlafen war, rannte der Stier fort auf die große Himmelswiese; dort fraß er goldene Sternblumen. Wenn die Sonne unterging, eilte er zurück und weckte den Knaben, dann gingen sie nach Hause. So geschah es jeden Tag, bis der Knabe zwanzig Jahre alt war. Da sprach der Stier: »Setz dich zwischen meine Hörner, und ich trage dich zum König, dann verlange von ihm ein sieben Ellen langes eisernes Schwert und sage, du wollest seine Tochter erlösen.«

Als sie bei der Königsburg ankamen, trat der Jüngling vor den König und sagte, warum er gekommen sei. Der König reichte ihm das verlangte Schwert, aber er hatte keine große Hoffnung, seine Tochter je wiederzusehen, denn ein zwölfköpfiger Drache hatte sie an einen fernen Ort entführt, an den niemand gelangen konnte: Davor war ein hohes Felsengebirge und ein weites stürmisches Meer, und wem es gelang, beides zu überqueren, der stand vor der mächtigen Flammenburg; dort hauste der Drache und hielt die Prinzessin gefangen. Schon viele kühne Jünglinge hatten es vergeblich gewagt, sie aus den Klauen des Drachen zu befreien, doch die mächtigen Flammen hatte niemand durchdringen können. Und wäre es auch einem gelungen, so hätte ihn der Drache umgebracht.

Der Jüngling nahm das Schwert, setzte sich dem Stier zwischen die Hörner, und im Nu waren sie vor dem großen Gebirgswall. »Ach, nun müssen wir umkehren«, sagte er, »da kann niemand hinüber!« Der Stier aber sprach: »Warte einen Augenblick!« und setzte ihn zu Boden. Dann nahm er Anlauf, und mit seinen gewaltigen Hörnern schob er das ganze Gebirge auf die Seite. Da konnten sie weiterziehen. Der Jüngling setzte sich wieder zwischen die Hörner, und im Nu waren sie ans Meer gelangt. »Ach, nun müssen wir umkehren!«, sagte er, »da kann niemand hinüber!« Der Stier aber sprach: »Halte dich an meinen Hörnern fest und warte einen Augenblick.« Dann neigte er den Kopf und soff und soff, bis er das ganze Meer ausgesoffen hatte. Da konnten sie trockenen Fußes weiterziehen, und bald sahen sie die Flammenburg vor sich.

Aber schon von Weitem kam ihnen eine solche Glut entgegen, dass es der Jüngling nicht mehr aushielt. »Halt!«, rief er, »sonst müssen wir verbrennen.« Der Stier aber lief dicht an die Flammenburg heran und sperrte das Maul auf, und da ergoss sich das ganze Wasser, das er gesoffen hatte, in die Flammen und sie verlöschten. Aus dem Qualm aber stürzte voll Wut der Drache hervor. Da sprach der Stier zum Jüngling: »Nun ist es an dir! Sieh zu, dass du ihm alle zwölf Köpfe auf einmal abschlägst!« Der Jüngling nahm all seine Kraft zusammen, fasste mit beiden Händen das Schwert und versetzte dem Drachen einen so mächtigen Schlag, dass alle Häupter herunterflogen. Doch nun peitschte das Untier mit dem Schwanz, schlug und ringelte sich auf der Erde, dass sie erzitterte. Da nahm der Stier den Drachenrumpf auf seine Hörner und schleuderte ihn weit fort in die Wolken, wo er für immer verschwand. Dann sprach er zum Jüngling: »Mein Dienst ist nun zu Ende. Geh ins Schloss, dort findest du die Königstochter, und führe sie heim zu ihrem Vater!« Dann ging er fort auf die Himmelswiese, und der Jüngling sah ihn nicht wieder.

Der Jüngling aber fand die Königstochter in der Flammenburg, und sie war überglücklich, dass sie endlich vom Drachen erlöst war. Sie gingen zum König, und da hielten sie Hochzeit, und es herrschte große Freude im ganzen Königreich.

Märchen der Siebenbürger Sachsen aus Rumänien

Jaakske mit der Flöte*

Tag für Tag musste Jaakske weit hinaus auf die Weide gehen und die Kühe hüten. Als Wegzehrung bekam er von der Stiefmutter stets nur eine Kruste trockenes Roggenbrot. Und wenn er am Abend müde heimkam, gab es auch nichts anderes.

Eines Tages begegnete ihm ein alter Mann, der sprach: »Ach, ich bin so hungrig. Hast du etwas zu essen für mich?« »Ich habe zwar nur trockenes Brot, hart wie Knochen, aber das will ich gern mit dir teilen«, sagte Jaakske. »Es wird mir schmecken und guttun«, sagte der alte Mann. Da nahm Jaakske seine Roggenkruste, brach sie in zwei Hälften und gab die eine dem Alten. Der sprach: »Ich danke dir und möchte dich belohnen. Was ist dir lieber: ein Beutel mit Silber, ein Beutel mit Gold oder eine Flöte, die alle zum Tanzen bringt?« Jaakske dankte dem Alten und wählte die Flöte. Er blies hinein und spielte ein lustiges Lied, und da begannen die Kühe zu hüpfen, zu springen, zu tanzen, dass Jaakske hellauf lachen musste. Und alles auf der Weide tanzte mit: die Vögel, die Käfer und die Schmetterlinge, sogar die Grashalme fingen an, sich im Takt zu wiegen. Das war ein Spaß!

Als Jaakske abends heimkam, warf ihm die Stiefmutter wieder nur einen Brocken hartes Brot vor. Da nahm er seine Flöte und fing an zu spielen. Und da begann in der Küche alles zu tanzen: Die Knechte schunkelten auf den Bänken, die Löffel klapperten in ihren Mündern, der Tisch hüpfte, die Schüsseln drehten sich, die Suppenkelle schwang sich in der Luft, das Butterfass rumpelte durchs Haus, und die Stiefmutter sprang so wild durch die Küche, dass ihr der Schweiß in Strömen herablief.

»Aufhören!«, rief sie, »Jaakske, so höre doch endlich auf!« »Gut«, sagte Jaakske, »aber erst musst du mir versprechen, dass du mir besseres Essen gibst!« »Ja, ja«, japste die Stiefmutter, »ich verspreche es!« Da hörte Jaakske auf zu flöten. Und von nun an bekam er, wenn er mit den Kühen auf die Weide ging, immer eine frische dicke Brotschnitte.

Märchen aus Flandern

Der Tschongurispieler

Es war einmal ein mächtiger Herrscher, ein Khan, der hatte eine einzige Tochter, die war schön wie die Sonne. Viele kamen und hielten um ihre Hand an. Der Khan sagte zu den Freiern: »Am Ende der Welt liegt ein Garten, in dem wächst der Apfel der Unsterblichkeit. Wer mir den bringt, dem gebe ich meine Tochter zur Frau!« Viele zogen aus, aber keiner kehrte zurück. In der Nähe des Herrscherhauses lebte ein junger Mann, der war arm, aber weit und breit berühmt für seinen Gesang und sein Spiel auf der Tschonguri**. Er hatte das schöne Mädchen in sein Herz geschlossen, aber er war arm, wie konnte er es da wagen, um sie zu werben. Doch eines Tages fasste er sich ein Herz und trat vor den Khan. Der stellte auch ihm die Aufgabe, den Apfel der Unsterblichkeit zu bringen. Da nahm er seine Tschonguri und machte sich auf den Weg.

Lange wanderte er durch Berg und Tal; endlich kam er an einen großen Garten, der war von einer Mauer umgeben, die war so hoch, dass kein Vogel hinüberfliegen konnte. Er ging um den Garten herum, doch er konnte keinen Eingang finden. Da spielte er auf der Tschonguri und sang dazu. Und alle Welt lauschte dem Lied: Der Wald hörte auf, mit den Blättern zu rauschen, die Vögel ließen sich nieder, und auch die steinerne Mauer rührte das Lied: Mit einem Mal öffnete sie sich, und der Tschongurispieler sah einen Garten voller Blumen, und ein Weg tat sich auf, der hineinführte. Er spielte weiter, sang sein Lied und folgte dem Weg. Da fand er in dem Garten den Baum mit dem Apfel der Unsterblichkeit.

Doch darunter lag ein Drache, der bewachte den Baum und verschlang jeden, der sich in seine Nähe wagte, bei lebendigem

---

** Die Tschonguri ist eine viersaitige Langhalslaute der Kaukasusregion.

Leibe. Der Drache schnaubte:»Wer wagt es, in meinen Garten einzudringen?«Der Tschongurispieler weinte, aber er spielte weiter und sang sein Lied. Der Drache wälzte sich ihm entgegen, riss seinen schrecklichen Rachen auf und wollte ihn verschlingen. Plötzlich aber hielt er inne. Reglos stand er da und lauschte dem Gesang und den Klängen der Tschonguri. Und aus seinen Augen traten Tränen. Der Drache begann zu zittern und zu schluchzen, den Blick unentwegt auf den Tschongurispieler gerichtet. Der sang weiter; noch schöner und noch inniger sang und spielte er. Wie er so die Saiten anschlug, rissen sie plötzlich. Alles verstummte.

Da stand nun der Tschongurispieler mit gesenktem Kopf vor dem aufgerissenen Rachen des Drachen und ließ seinen Tränen freien Lauf. Der Drache sah ihn mit Tränen in den Augen an. Da ging ein Ruck durch den Drachen. Er hob den Kopf, richtete sich auf, holte mit der Tatze aus – und dann pflückte er vom Baum den Apfel der Unsterblichkeit. Er reichte ihn dem Tschongurispieler und sprach:»Noch nie zuvor habe ich solch eine Stimme gehört, und nie zuvor hat jemand mit solch einer Stimme zu mir gesprochen. Nimm den Apfel und geh, und du hast mein Wort, dass ich von nun an kein Menschenblut mehr vergießen werde.« Da nahm der Tschongurispieler den Apfel der Unsterblichkeit und kehrte in seine Heimat zurück, und er heiratete die Tochter des Khans.

Märchen aus Georgien

Der Fischer und der Wal*

Ein Fischer paddelte eines Abends traurig nach Hause; zwei kleine Dorsche waren das Einzige, was er an diesem Tag mit der Harpune erbeuten konnte. Da sah er am Meeresufer mit einem Mal einen großen Stein liegen. Er zog sein Kajak an Land und ging näher; nun sah er, dass es gar kein Stein war, sondern ein riesiger Wal, der am Ufer lag und zu schlafen schien. Wie war er nur auf dem Trockenen gelandet? Der Fischer konnte sein Glück kaum fassen; einen Wal zu fangen, das war noch keinem aus der Siedlung gelungen. Der Wal würde für alle Nahrung für viele Tage sein. Rasch lief er zum Kajak und holte seine Harpune, um den Wal zu erlegen. Doch als er zurückkam, bat der Wal: »Töte mich nicht. Lass mich zurück ins Meer schwimmen. Es soll auch gewiss dein Schaden nicht sein!« Der Fischer ließ die Harpune sinken. »Du wirst es nicht bereuen!«, beteuerte der Wal. Da ging der Fischer zu seinem Kajak zurück, er dachte: »Vielleicht war es falsch, dass ich auf den Wal gehört habe. Das gute Fleisch, der gute Tran ... Ich werde lieber nichts davon erzählen.«

Als der Fischer am andern Morgen wieder zu der Stelle kam, war der Wal verschwunden, und er dachte: »Vielleicht habe ich alles nur geträumt.« Doch von dem Tag an kehrte er vom Meer nie mehr mit leeren Händen heim. Selbst wenn die anderen keinen einzigen Fisch fingen: Er hatte immer reichen Fang. Sein Kajak fuhr nun von selbst, es fand seine eigenen Wege: stets dorthin, wo die Fischschwärme waren. So hatte der Wal sein Versprechen gehalten. Der Fischer aber behielt sein Geheimnis für sich, und er hatte Jagdglück, solange er lebte.

Märchen der Eskimo

Die Schlucht

$\mathcal{E}$s waren einmal ein junger Mann und ein junges Mädchen, die lebten in zwei entlegenen Dörfern. Eines Tages nun ging ein jeder auf seinem Weg weit, weit übers Land zum Markt. Der junge Mann war schwer bepackt: In der einen Hand führte er eine Ziege am Strick, in der anderen hielt er den Wanderstab und ein gackerndes Huhn, und auf dem Rücken schleppte er noch dazu einen Kupferkessel. An einer Wegkreuzung trafen die beiden aufeinander, und da gingen sie gemeinsam weiter. Nach einer Weile kamen sie an eine Schlucht. Das Mädchen hielt inne und sagte: »Durch die Schlucht da gehe ich nicht mit dir.« »Warum nicht?«, fragte der Jüngling verwundert. »Ja, wenn wir in der Schlucht sind, da könntest du die Gelegenheit nutzen und mich umarmen und küssen«, gab das Mädchen zur Antwort. »Wie sollte ich dich denn umarmen und küssen?«, lachte der Jüngling, »siehst du nicht, dass ich in der einen Hand die Ziege habe und in der anderen das Huhn und den Stab? Und noch dazu drückt mir der Kessel auf den Rücken!« »Ja«, sagte das Mädchen, »aber du könntest mich bitten, die Ziege zu halten; so könntest du das Huhn auf den Boden setzen und den Kessel darüberstülpen, dann den Stab in die Erde stecken und die Ziege daran binden – und dann könntest du mich umarmen und küssen.« Der junge Mann stand da und dachte nach. Endlich rief er: »Dank sei Gott für deine Weisheit!« Ja, und dann gingen die beiden – gemeinsam – durch die Schlucht.

Märchen aus der Türkei

Der König der Antilopen

Es lebte einst ein König, der liebte nichts mehr als die Antilopenjagd. Jeden Tag nahm er seinen goldenen Bogen und ging damit auf die Jagd. Viele Antilopen hatte er schon erlegt. Viele hatte er nur verletzt, und sie konnten entkommen, aber auch sie starben später an ihren Wunden.

Eines Tages, als der König wieder auf der Jagd war, ging eine Antilope auf ihn zu, die war so schön, wie er noch keine zuvor gesehen hatte: Ihr Fell glänzte, die Hörner waren prächtig gewunden, die Hufe silberfarben, und ihre Augen schimmerten wie Edelsteine. Vor ihm stand der König der Antilopen. Der sprach: »Ehrenwerter König, deine Pfeile töten mein Volk, und unzählige sind an ihren Wunden schon elendig zugrunde gegangen. Daher bitte ich dich: Jage von nun an jeden Tag nur noch eine Antilope. Sonst stirbt mein Volk. Wir aber werden fortan jeden Tag einen aus unserer Mitte bestimmen, den du jagen sollst. Wen das Los trifft, den magst du jagen, die anderen aber lasse am Leben.« »Gut«, sagte der König, »so sei es«, und von nun an jagte er jeden Tag nur eine Antilope – jene, auf welche das Los gefallen war.

Da geschah es eines Tages, dass das Los eine Antilopenmutter traf. Ihr Kind war noch klein, es brauchte ihre Milch zum Leben. Sie trat vor den Antilopenkönig und bat: »Guter und gerechter König, mein Kind ist noch so klein, es würde ohne mich verhungern. Bitte gewähre mir eine Frist: Lasse mich mein Kind nähren, bis es groß genug ist, dann will ich mich dem König der Menschen stellen.« »Sorge dich nicht, lauf' zu deinem Kind«, sprach der Antilopenkönig, »ich werde an deiner statt gehen.«

Als nun der König sah, dass es der Antilopenkönig selbst war, den er an jenem Tage jagen sollte, erschrak er: »Warum kommst du selbst, warum nicht einer aus deinem Volk, wie es beschlossen war? Was soll ohne dich aus deinem Volk werden?« Der Antilopenkönig antwortete: »Heute traf das Los eine Mutter, deren Kind noch so klein ist, dass es ohne die Milch der Mutter nicht leben kann. Als König meines Volkes muss ich bestimmen, wer sich an Stelle der Mutter opfert. Kann ich aber verlangen, wozu ich selbst nicht bereit bin? Also jage mich, ehrenwerter König, damit unsere Abmachung gelte.«

Der König aber warf seinen goldenen Bogen fort, zerbrach die kunstvoll geschmiedeten Pfeile und sprach: »König der Antilopen, erlaube mir, dein Freund zu sein. Nie mehr werde ich dein Volk jagen.«

Märchen aus Indien

Die Alte, die auf den lieben Gott wartete

Es war einmal eine alte Frau, die bekam vom lieben Gott das Versprechen, dass er sie einmal besuchen wolle. Darauf war sie nun gewaltig stolz; und sie putzte und scheuerte ihr Haus, damit es recht ordentlich wäre, wenn der liebe Gott käme, und buk und kochte allerlei, das sie ihm auftischen wollte. Wie sie nun so zugange war, da klopfte es an der Türe. Geschwind öffnete die Frau; aber ach, dort stand nicht der liebe Gott, sondern ein zerlumpter Bettler, der sprach: »Gute Frau, gebt mir einen Bissen Brot, und lasst es zu, dass ich mich an Eurem Ofen wärme.« Aber die Alte entgegnete: »Nein, tut mir leid, ich habe keine Zeit und auch rein gar nichts im Hause«, und warf die Tür zu. »Soweit kommt es noch, dass der Bettler mir alles wieder in Unordnung bringt oder gar nach den guten Speisen schielt, wenn der liebe Gott anklopft«, dachte die alte Frau und machte sich wieder ans Werk.

Nach einer Weile klopfte es wieder. Sie eilte zur Tür. Aber ach, da war wieder nur ein armer Bettler, und auch dieser bat um ein Almosen und ein wenig Ofenwärme. Aber die Alte schickte auch diesen Bettler fort: »Du kommst grad ganz ungelegen, versuch es beim Nachbarn.« Dann setzte sie sich hin und wartete auf den lieben Gott, denn sie hatte nun alles bereit für den hohen Besuch. Endlich, da klopfte es, und sie rannte zur Tür. Aber ach, dort stand nun schon der dritte Bettler. Und die Alte schickte auch diesen fort.

Da saß sie nun am gedeckten Tisch und wartete, Stunde um Stunde. Aber der liebe Gott wollte nicht kommen. Da ward die Alte immer betrübter. Sollte der liebe Gott sein Versprechen denn gar vergessen haben? Es fing ja schon an zu dämmern. Vom Sitzen in der warmen Stube ganz müde geworden, schlief sie ein.

Und im Traum erscheint ihr der liebe Gott, und spricht zu ihr: »Dreimal habe ich an deine Tür geklopft. Und dreimal hast du mich abgewiesen.«

Von dem Tage an schickte sie keinen Bettler mehr fort. Denn wer weiß, vielleicht kam der liebe Gott sie ja doch noch einmal besuchen?

Märchen aus Ungarn

Die Sterntaler *

Es war einmal ein kleines Mädchen, dem war Vater und Mutter gestorben, und es war so arm, dass es kein Kämmerchen mehr hatte, darin zu wohnen, und kein Bettchen mehr, darin zu schlafen, und endlich gar nichts mehr als die Kleider auf dem Leib und ein Stückchen Brot in der Hand, das ihm ein mitleidiges Herz geschenkt hatte. Es war aber gut und fromm. Und weil es so von aller Welt verlassen war, ging es im Vertrauen auf den lieben Gott hinaus ins Feld.

Da begegnete ihm ein armer Mann, der sprach: »Ach, gib mir etwas zu essen, ich bin so hungrig.« Es reichte ihm das ganze Stückchen Brot und sagte: »Gott segne dir's«, und ging weiter. Da kam ein Kind, das jammerte und sprach: »Es friert mich so an meinem Kopfe, schenk mir etwas, womit ich ihn bedecken kann.« Da tat es seine Mütze ab und gab sie ihm.

Und als es noch eine Weile gegangen war, kam wieder ein Kind und hatte kein Leibchen an und fror: Da gab es ihm seins; und noch weiter, da bat eins um ein Röcklein, das gab es auch von sich hin. Endlich gelangte es in einen Wald, und es war schon dunkel geworden, da kam noch eins und bat um ein Hemdlein, und das fromme Mädchen dachte: »Es ist dunkle Nacht, da sieht dich niemand, du kannst wohl dein Hemd weggeben«, und zog das Hemd ab und gab es auch noch hin.

Und wie es so stand und gar nichts mehr hatte, fielen auf einmal die Sterne vom Himmel, und waren lauter harte, blanke Taler; und ob es gleich sein Hemdlein weggegeben, so hatte es ein neues an, und das war vom allerfeinsten Linnen. Da sammelte es sich die Taler hinein und war reich für sein Lebtag.

Märchen der Brüder Grimm

Die drei goldenen Haare

Es war einmal ein alter Mann. Der ging mitten in der Nacht, in einer dunklen Nacht, durch den Wald. Sein Licht war schon fast abgebrannt, und nur mühsam fand er seinen Weg. Da sah er von fern einen Schein. Er ging darauf zu und kam an ein Haus. Als er es erreichte, war sein Licht fast erloschen. Da stößt er erschöpft grad die Türe noch auf und sinkt an der Schwelle zu Boden.

Dort am Feuer, da sitzt eine Frau. Die Uralte. Sie geht auf ihn zu, hebt ihn auf und trägt ihn zum Feuer. Sie hält ihn im Arm und wiegt ihn im Schoß. Dabei summt sie: »Mh, mh, mh.« So wiegt sie ihn in den Schlaf. Die ganze Nacht lang wiegt sie ihn und singt ihr Lied aus uralter Zeit: »Mh, mh, mh.«

Noch vor Morgengrauen ist aus dem alten ein junger Mann geworden, ein Jüngling mit goldenem Haar. Und die Alte singt weiter: »Mh, mh, mh. Mh, mh, mh«, und der Jüngling schläft. Als endlich der Morgen dämmert, ist aus dem Jüngling ein Knabe geworden. Da zupft ihm die Alte drei goldene Haare aus und wirft sie zu Boden: »Ping – ping – ping.«

Das Kind erwacht. Und die Alte lässt den Knaben vom Schoß. Er läuft zur Tür, öffnet sie, und als Morgensonne steigt er zum Himmel hinauf!

Märchen aus Rumänien

Der treueste Freund

Der alte Wahu hatte schon viele Winter gesehen, Jahr um Jahr das Kommen und Gehen der Wildgänse, Jahr um Jahr das Ziehen der endlosen Büffelherden; nun saß er Abend für Abend im Dämmerlicht und hielt Zwiesprache mit den Schatten, die sich herabsenkten, bevor über dem Indianerland die Sterne aufgingen.

Eines Abends brachten sie ihm eine Botschaft vom Großen Geist Manitu. Die Schatten flüsterten ihm zu: »Manitu erwartet dich, Wahu! Rüste dich für die Reise und nimm Abschied.«

Traurig dachte Wahu: »Von wem sollte ich Abschied nehmen? Meine Söhne und Töchter sind längst fortgezogen, hier wird mich niemand vermissen.« Er erhob sich und ging an den Fluss. Dann setzte er sich in sein Kanu. Er stieß es vom Ufer ab und überließ es dem Fluss, damit es ihn in die Ewigen Jagdgründe trage. Wahu blickte nicht zurück. Sonst hätte er gesehen, dass ihm am Ufer jemand mit traurigen Augen hinterherlief.

Die Strömung riss das Kanu mit sich, trug es schneller und schneller den Donnernden Wasserfällen zu und riss ihn schließlich in den bodenlosen Abgrund der stürzenden Wasser. Im ohrenbetäubenden Brausen hörte Wahu nicht, dass hinter ihm sich jemand in den Fluss gestürzt hatte und von der Strömung mitgerissen wurde. Wahu sank tiefer und tiefer, bis das Kanu auf eine milchweiße Wasserfläche traf. »Der Weiße Fluss, jetzt bin ich bald am Ziel«, dachte Wahu. Da tat sich vor ihm eine Bucht auf, in die das milchweiße Wasser mündete. Zwei Felsen ragten auf und bildeten ein großes Tor. Die Wellen trugen Wahu an das Weiße Ufer, und er stieg aus.

Da traten die beiden Felsen auseinander und zwei große Krieger standen vor ihm. »Wir sind die Hüter der Ewigen Jagdgründe und haben dich erwartet«, sagte der eine, und der andere fragte:

»Du kommst allein?« Wahu antwortete: »Niemand hat sich mehr um mich gekümmert, und niemand hat mir das Geleit gegeben.« »Und wer ist das im Wasser, der dich so traurig anschaut?« Wahu wandte sich um – und blickte in die treuesten aller Augen, die treuesten, die er je gesehen hatte. »Mein Hund!«, flüsterte er. Wahu ging zum Weißen Fluss und schloss seinen Hund in die Arme. »An dich hatte ich nicht gedacht.« Da hörte Wahu die Stimme Manitus: »Und doch hat er dich am meisten geliebt.«

Und so war der alte Indianer mit seinem treuen Freund in die Ewigen Jagdgründe gegangen.

Märchen der Indianer aus Nordamerika

Das Adlermädchen

Es war einmal eine junge Witwe, die stieg eines Tags auf den Berg, um zu heuen. Auf dem Rücken trug sie einen Korb, darin war ihr kleines Kind. Oben auf der Alm war die Mutter fleißig am Heuen, und das Mädchen hüpfte über die Wiese und pflückte Alpenblümlein. Da kam auf einmal ein mächtiger Adler, gleich einem fallenden Stern, herabgeflogen, packte das Kind mit den Krallen und trug es fort. Welch ein Schrecken für die Mutter! Sie schrie und weinte und musste mit ansehen, wie der Adler mit ihrem Kind davonflog. Das Kind aber hatte keine Angst vor dem Adler, es schmiegte sich zufrieden an seinen Hals, lachte und spielte mit seinen Federn. Das rührte den Adler, und er fasste Zuneigung zu ihm. Und da beschloss er, es als Tochter anzunehmen und aufzuziehen. Er legte sie in sein Nest, brachte ihr Früchte und Honig zu essen und zeigte ihr, wie sie auf den Bergen klettern und sich festklammern müsse.

Als das Adlermädchen größer wurde, flog der Adler in die Dörfer tief unten im Tal und raubte für seine Tochter Wäsche und Kleidchen der Bauernmädchen, die da zum Trocknen in der Sonne hingen. Als sie zu einem schönen jungen Mädchen heranwuchs, wollte er, dass sie Kleider aus Samt und Seide anzöge, und er flog in die Schlösser, dort raubte er schöne Kleider und trug sie auf die Höhen der Felsenwohnung. Einer Königin waren auf diese Weise eine Menge Kleider und Schmucksachen weggekommen, und da bat sie ihren Sohn, den diebischen Adler zu erjagen.

Der Prinz aber fragte sich, wie ein Vogel dazu komme, Kleider und Juwelen zu stehlen, und er beschloss, der Sache auf den Grund zu gehen. Viele Monate durchstreifte er das Gebirge, doch er fand den Adler nicht. Er wollte schon aufgeben, da hörte er eines Tages über sich eine süße Mädchenstimme, die lieblich sang. Er kletterte den Felsen empor, und da fand er die junge Sängerin im Adlernest. Wie überirdisch schön sie war! Das Adlermädchen erzählte ihm von ihrem Leben in der Bergeinsamkeit. Der Prinz fasste eine große Liebe zu ihr, und er wünschte, dass sie in sein Schloss komme und seine Gemahlin werde. Das Adlermädchen war einverstanden; und so stiegen sie zusammen ins Tal. Der Prinz stellte seine Braut dem Vater vor, und sie erzählten ihm, wie sie sich gefunden hatten. Der König hieß das schöne Kind mit einem Kuss willkommen. Er nannte sie Aquila, Adler, gab seine Einwilligung zur Verlobung und traf alle Vorbereitungen für eine glanzvolle Hochzeit.

Die Königin aber war dagegen. Sie wollte nicht, dass ihr Sohn eine so abenteuerliche Vermählung eingehe und das wildfremde Mädchen zur Frau nehme. Da fasste sie einen Plan. Sie befahl im Geheimen zwei Dienern, die Braut in den Fluss zu werfen. Die Diener waren bestürzt, denn sie hatten Aquila liebgewonnen, doch dann beugten sie sich dem Befehl der Königin. Die arme Aquila drohte schon in den Fluten zu ertrinken, als plötzlich der Adler erschien. Er hatte ihr Schreien gehört, flog schnell wie der Blitz herbei und brachte sie ans Ufer. Dank ihm kehrte Aquila unversehrt ins Schloss zurück. Schon am folgenden Tage heiratete der Prinz sein schönes Adlermädchen. Der König aber überließ den Thron, seiner Frau zum Trotz, schon bald seinem Sohne, und so wurde Aquila, das Adlermädchen, Königin.

Märchen aus dem Tessin, Schweiz

Die Prinzessin
unter der Erde

Es war einmal ein reicher König, der hatte eine schöne Tochter. Er baute für sie im Geheimen einen Palast unter der Erde und sperrte sie hinein, und sie durfte ihn nie, nie verlassen.

Der König schickte Boten in die ganze Welt, die verkündeten: »Wer imstande ist, des Königs Tochter zu finden, der bekommt sie zur Frau. Wer aber auszieht und sie nicht findet, der muss sterben.«

Viele junge Männer versuchten es, doch vergeblich: Keiner konnte die Prinzessin finden, und sie verloren alle ihren Kopf. Doch da war einer, der war schön und klug, der ersann eine List: Er ging zu einem Hirten und bat, er möge ihn in ein goldenes Schaffell stecken, darin einnähen und in dieser Verkleidung zum König bringen. Der Hirte erfüllte die Bitte. Als der König das goldene Schaf sah, sprach er: »Verkauf mir das Schaf!« Doch der Hirte sagte: »Herr König, ich verkaufe es nicht. Doch da Ihr Gefallen an ihm findet, so will ich es Euch gerne auf drei Tage borgen. Dann aber müsst Ihr es mir wiedergeben.«

Der König versprach es und ging mit dem goldenen Schaf zu seiner Tochter; er ging durch geheime Gänge, bis sie an eine Tür kamen. Dort rief er: »Öffnet Euch, Tartara Martara der Erde!« Da öffnete sich die Tür, und sie gingen weiter, bis sie an eine zweite Tür kamen. Dort rief der König wieder: »Öffnet Euch, Tartara Martara der Erde!« Da öffnete sich auch die zweite Tür, und sie kamen in das Gemach der Prinzessin, das war ganz von Silber. Der König gab der Prinzessin das goldene Schaf. Sie hatte große Freude daran, streichelte und hätschelte es und spielte mit ihm. Der König ging in den Palast zurück; das goldene Schaf ließ er bei der Prinzessin.

In der Nacht aber streifte der Jüngling das Fell ab. Zuerst erschrak die Prinzessin; als sie aber sah, dass er so schön war, verliebte sie sich in ihn. »Warum hast du dich in das Fell gesteckt?«, fragte sie, »und warum bist du hierhergekommen?« Der Jüngling sagte: »Als ich sah, dass alle, die dich vergeblich gesucht haben, ihren Kopf verloren, ersann ich diese List. So fand ich dich.« Da rief die Prinzessin: »Ei, das hast du gut gemacht! Aber wisse: Die Wette ist noch nicht gewonnen. Mein Vater wird mich und meine Mägde in Enten verwandeln und dich fragen, welche die Prinzessin sei. Dann will ich mir mit dem Schnabel die Flügel putzen, damit du mich erkennst.« Drei Tage lang lebten sie in Freuden miteinander, da kam der Hirte zum König und verlangte das Schaf zurück. Der König ging zu seiner Tochter, um das Schaf zu holen. Die Prinzessin sagte: »Ach Vater, ich habe so schön mit dem Schaf gespielt!« Doch der König sprach: »Ich kann es dir nicht lassen, denn es ist nur geborgt«, nahm es mit und gab es dem Hirten zurück.

Daheim warf der Jüngling das Fell ab, ging zum König und sprach: »Herr König, ich bin imstande, Eure Tochter zu finden.« Als der König den schönen Jüngling sah, sprach er: »Mich dauert deine Jugend. Dies Wagestück wird auch dich das Leben kosten.« Doch der Jüngling sagte: »Ich will sie entweder finden oder den Kopf verlieren.« Dann schritt er los, und der König folgte ihm, bis sie zu der Tür kamen. Da sprach der Jüngling: »Herr König, sagt drei Worte, damit sie aufgeht.« Der König antwortete: »Was sind das für Worte? Soll ich etwa sagen: ›Schloss, Schloss, Schloss‹?« »Nein«, sprach der Jüngling, »sagt: ›Öffnet Euch, Tartara Martara der Erde‹!« Da sagte der König die Worte und die Tür öffnete sich. Sie gingen hindurch, der König aber kaute vor Zorn an seinem Schnurrbart. Dann kamen sie an die zweite Tür. Da musste der König wieder sagen: »Öffnet Euch, Tartara Martara der Erde!«, sie traten ein und fanden die Prinzessin.

Nun sagte der König: »Zwar hast du meine Tochter gefunden. Doch ich werde sie und die Mägde in Enten verwandeln. Errätst du, welche meine Tochter ist, dann sollst du sie zur Frau haben«, und er verzauberte sie. »Nun zeige mir: Welche ist meine Tochter?« Da wandte die Prinzessin den Kopf und putzte sich, und der Jüngling sprach: »Die da, die sich die Flügel putzt, ist die Prinzessin.« Nun konnte der König nicht anders und musste sie ihm zur Frau geben, und sie lebten herrlich in Glück und in Freuden.

Märchen aus Griechenland

Der Griff der Erde

In alten Zeiten kamen ins Land der Dolganen vierzig riesige Recken. Sie hörten auf niemanden und schonten niemanden. Sie sagten: »Wir überragen jeden. Alle anderen sind gegen uns Grashalme.« Der älteste Recke prahlte: »Wenn der Wind von oben weht, stopfe ich das Loch im Himmel einfach mit der Zobelmütze zu!« Der jüngste Recke prahlte: »Und wenn es von unten zieht, brauche ich nur mit dem Fuß aufzustampfen und verschließe das Loch mit der Schuhsohle!« Ritten die Recken mit ihren Rentieren daher, so mussten sich alle die Ohren zuhalten, so laut war das Dröhnen der Hufe; und die Spuren, die sie zurückließen, waren groß wie Schellentrommeln. Berührten sie einen Baum, so ächzte und stöhnte er und ging dann ein. Sie machten, was sie wollten, und fürchteten niemanden. Solche Recken waren das.

Eines Tages sprach der jüngste Recke: »Brüder, wie wär's, wenn wir den Griff der Erde suchen? Dann könnten wir die Erde drehen.« »Und ob wir das könnten«, sprach der älteste Recke, »wir werden ihn suchen, den Griff der Erde.« Und sie brachen auf. Viele Jahre waren sie unterwegs, doch wohin sie auch kamen, wen sie auch fragten: Niemand konnte ihnen sagen, wo der Griff der Erde ist. Endlich begegnete ihnen ein uralter Mann, die Augen ausgeblichen, der Bart grün wie Moos. »He, Alterchen, weißt du, wo der Griff der Erde ist?«, fragten die Recken. »Was wollt ihr mit dem Griff der Erde?«, fragte der Uralte. »Wir wollen ihn packen und die Erde drehen, wir wollen unsere Kraft erproben«, sagten die Recken. »Wohl weiß ich, wo der Griff der Erde ist«, sagte der Uralte, »doch beweist mir erst eure Kraft!« Er holte drei Gewichte aus der Tasche und legte sie vor sich hin. »Könnt ihr auch nur eines der Gewichte aufheben, so zeige ich euch den Griff der Erde.«

Die Recken lachten: »Alterchen, jeder von uns wirft die drei Gewichte mit einem Finger hoch und fängt sie mit einem Finger wieder auf!« Der jüngste Recke trat vor und versuchte sich am größten Gewicht, vergebens, am mittleren Gewicht, vergebens, am kleinsten Gewicht, vergebens. Er konnte sie kaum von der Stelle bewegen. Den anderen Recken erging es kaum besser, bis die Reihe an den Ältesten kam. Der hob das kleinste Gewicht bis zum Gürtel, das mittlere bis zu den Knien, doch das größte konnte er nur bis zum Knöchel heben. »Ich sehe, ihr seid wirklich so stark, wie ihr sagtet«, sprach der Uralte, »denn das kleinste Gewicht wiegt so viel wie ein Viertel der Erde, das mittlere wie die halbe, und das dritte ist so schwer wie die ganze Erde. Wenn ihr alle miteinander anpackt, könnt ihr die Erde drehen. Stellt euch also in eine Reihe und nehmt euch bei den Händen. Dann will ich euch sagen, wo der Griff der Erde ist.« Die Recken taten es. Als sie so dastanden, sprach der Alte: »Ihr selbst sollt der Griff der Erde sein!«, und da wurden die Recken zu Stein.

Wenn ihr mal ins Dolganenland kommt, dann könnt ihr sie sehen, die steinernen Recken: die hoch aufragenden Felsen, die sich vom Pjassino-See im Westen bis zum Lena-Fluss im Osten erstrecken. Da stehen sie heute noch. Und wenn ihr gegen die Felsen ruft, dann rufen die steinernen Recken zurück.

Was aber wäre wohl geschehen, wenn die Recken wirklich die Erde gedreht hätten?

Märchen der Dolganen aus Russland

Das kluge Mädchen
wird Zarin

Es war einmal ein Zar, der ließ ausrufen: Wer einen Stein schlachte, dass das Blut davon fließe, den wolle er zum Ersten seines Reiches machen. Wem es aber nicht gelinge, der müsse sterben. Da kamen von allen Seiten wackere Burschen herbei und besahen sich den Stein, aber keiner wollte es versuchen, ihn zu schlachten. In einem Dorfe nun gab es ein wackeres Mädchen, das hütete die Schafe. Als sie von der Botschaft des Zaren hörte, verkleidete sie sich als Mann, ging zum Zaren und sagte: »Oh Zar, ich kann den Stein schlachten.« Überallhin ging das Gerücht, es habe sich einer gefunden, der es wagen wolle, und zahllose Leute sammelten sich, um zu sehen, wie das gehen werde. Der Zar zog mit allen Vornehmen der Stadt auf einen freien Platz, dort sollte das Mädchen den Stein vor aller Augen schlachten. Da zog das Mädchen ein Messer, wandte sich zum Zaren und sagte: »Zar, du willst doch, dass ich den Stein schlachten soll. So gib ihm vorher eine Seele, und wenn ich ihn dann nicht schlachte, so nimm meinen Kopf.«

Der Zar wunderte sich über diese Antwort und sagte: »Du bist der Klügste in meinem Reiche, und ich will dich zum vornehmsten Manne machen; wenn du mir aber noch das vollbringst, was ich dir sagen werde, so sollst du mir wie ein Sohn sein.« Das Mädchen sprach: »Sprich, und ich will mich bemühen, es zu vollbringen.« Der Zar sagte: »Von jetzt an in drei Tagen sollst du wieder vom Dorfe hierher kommen. Wenn du kommst, sollst du reiten und nicht reiten, sollst mir ein Geschenk bringen und nicht bringen. Und wir alle, Groß und Klein, wollen herauskommen und dich empfangen, und du sollst die Leute dahinbringen, dass sie dich empfangen und nicht empfangen.«

Die Hirtin ging nun in ihr Dorf und gab den Bauern den Auftrag, vier Hasen und zwei Tauben lebendig zu fangen. Die Bauern taten das. Am dritten Tag, als die Hirtin zum Zaren gehen sollte, steckte sie jeden Hasen in einen Sack, gab sie den Bauern zu tragen und sagte: »Wenn ich euch sage, ihr sollt sie loslassen, dann lasst sie los.« Sie selbst nahm die beiden Tauben, setzte sich rittlings auf eine Ziege, und so machte sie sich auf zum Zaren; einige Leute hatte sie vorausgeschickt, ihm anzuzeigen, dass sie komme.

Da zog der Zar aus der Stadt, sie zu empfangen mit allen Vornehmen und zahlreichen Menschen aus der Stadt. Als nun die Hirtin nicht mehr weit von dem Zaren war, sah sie die Menge Menschen, die herausgekommen waren, sie zu empfangen, und als sie ihnen nahekam, befahl sie den Bauern, die Hasen loszulassen. Sobald die Leute die Hasen sahen, rannten sie fort, sie zu fangen. Die Hirtin saß rittlings auf der Ziege, ging bald zu Fuß, die Ziege zwischen den Beinen, bald hob sie die Füße und ritt auf der Ziege. Als sie vor den Zaren trat, zog sie die beiden Tauben aus dem Busen und reichte sie ihm hin. In dem Augenblick, wo er die Hand nach ihnen ausstreckte, ließ sie die Tauben aus der Hand, und sie flogen fort.

Da sagte das kluge Mädchen zum Zaren: »Du siehst, Zar, die Leute haben mich empfangen und nicht empfangen; ich bin geritten und nicht geritten; ich habe dir ein Geschenk gebracht und nicht gebracht.« Und der Zar sprach: »Von heute an sollst du mir wie ein Sohn sein.« Die Hirtin aber flüsterte ihm ins Ohr: »Ich bin kein Bursche, ich bin ein Mädchen.« Da nahm der Zar sie zur Frau. Und so wurde die Hirtin durch ihre Klugheit Zarin.

Märchen aus Bulgarien

Der Bauer
und der Teufel

*E*s war einmal ein kluges und verschmitztes Bäuerlein, von dessen Streichen viel zu erzählen wäre, die schönste Geschichte ist aber doch, wie er den Teufel einmal drangekriegt und zum Narren gehabt hat.

Das Bäuerlein hatte eines Tages seinen Acker bestellt und rüstete sich zur Heimfahrt, als die Dämmerung schon eingetreten war. Da erblickte er mitten auf seinem Acker einen Haufen feuriger Kohlen, und als er voll Verwunderung hinzu ging, so saß oben auf der Glut ein kleiner schwarzer Teufel.

»Du sitzest wohl auf einem Schatz?«, sprach das Bäuerlein. »Jawohl«, antwortete der Teufel, »auf einem Schatz, der mehr Gold und Silber enthält, als du dein Lebtag gesehen hast.« »Der Schatz liegt auf meinem Feld und gehört mir«, sprach das Bäuerlein. »Er ist dein«, antwortete der Teufel, »wenn du mir zwei Jahre lang die Hälfte von dem gibst, was dein Acker hervorbringt: Geld habe ich genug, aber ich trage Verlangen nach den Früchten der Erde.« Das Bäuerlein ging auf den Handel ein.

»Damit aber kein Streit bei der Teilung entsteht«, sprach es, »so soll dir gehören, was über der Erde ist, und mir, was unter der Erde ist.« Dem Teufel gefiel das wohl, aber das listige Bäuerlein hatte Rüben gesät. Als nun die Zeit der Ernte kam, so erschien der Teufel und wollte seine Frucht holen, er fand aber nichts als die gelben welken Blätter, und das Bäuerlein, ganz vergnügt, grub seine Rüben aus.

»Einmal hast du den Vorteil gehabt«, sprach der Teufel, »aber für das nächste Mal soll das nicht gelten. Dein ist, was über der Erde wächst, und mein, was darunter ist.« »Mir auch recht«, antwortete das Bäuerlein.

Als aber die Zeit zur Aussaat kam, säte das Bäuerlein nicht wieder Rüben, sondern Weizen. Die Frucht ward reif, das Bäuerlein ging auf den Acker und schnitt die vollen Halme bis zur Erde ab. Als der Teufel kam, fand er nichts als die Stoppeln und fuhr wütend in eine Felsenschlucht hinab. »So muss man die Füchse prellen«, sprach das Bäuerlein, ging hin und holte sich den Schatz.

Märchen der Brüder Grimm

Dieb und König

$\mathcal{E}$s war einmal ein König, dem verschwand immer wieder etwas aus der Schatzkammer. Mal war es eine Kette, dann ein Ring, auch die Dukaten wurden immer weniger. Der König dachte: »Auch wenn ich nicht arm davon werde, wurmen tut es mich doch!«, und er fragte sich, wer wohl die diebische Elster sein möge. Da beschloss er, dem Dieb aufzulauern. Am Abend zog er ein abgetragenes Wams und geflickte Hosen an, klebte sich einen Schnurrbart unter die Nase und verbarg sich in einem dunklen Winkel vor der Schatzkammer.

Da hockte er nun die ganze Nacht und wartete, aber nichts tat sich, auch in der andern Nacht nicht. In der dritten aber raschelte es plötzlich im Schornstein, und aus dem Kamin kam der Dieb gekrochen. Ein paar Handgriffe, und die Tür war auf. Der Dieb schlich in die Schatzkammer, nahm eine Kette aus einer Truhe, steckte ein paar Dukaten ein und ging wieder zur Tür. Gerade wollte er sie zusperren, da trat der verkleidete König aus dem Winkel und raunte: »Sei gegrüßt, Kumpan! Hast du mir was übriggelassen?« Der Dieb zuckte zusammen. Als er aber den bärtigen Landstreicher erblickte, fragte er flüsternd: »Du gehörst zur Zunft?« Der König nickte. »Warum hast du dir denn noch nichts genommen?«, fragte der Dieb. »Ach, Bruder, ich konnte das verflixte Schloss nicht aufbekommen«, log der König. »Ja, zum Diebeshandwerk braucht's freilich Verstand und ein geschicktes Händchen!«, sagte der Dieb. Da fragte der König: »Willst du mich wohl in die Lehre nehmen?« Der Dieb aber sagte: »Diebe gibt es in diesem Königreich schon mehr als genug. Und mir scheint, du taugst nicht zu dem Handwerk.« »Nimm mich wenigstens einmal mit, da könnt'ich schon so viel lernen!«, bat der König. »Also gut«, sagte der Dieb, »in sieben Tagen, um Mitternacht, hier vor der Schatzkammer!«

Schlag Mitternacht kam der Dieb, nickte und flüsterte: »Hast du Sperr-Riegel dabei?« »Jawohl«, sagte der König und klapperte mit einem Schlüsselbund. »Sei doch still!«, zischte der Dieb, »sieh, ob einer passt!« Der König nestelte umständlich mit den Schlüsseln herum, da verlor der Dieb die Geduld und sagte: »Gib her, ich zeige dir's.« Doch der König sagte rasch: »Da hab' ich den Richtigen!«, und sperrte die Tür auf. »Gut«, meinte der Dieb, »du taugst vielleicht doch etwas. Und nun such dir was aus!« Der König zauderte nicht und zog einen Sack hervor, dann schaufelte er mit beiden Händen alles hinein, was ihm in die Finger kam, bis der Sack voll war. Obendrauf schüttete er noch einen Haufen Dukaten, dann warf er sich den Sack über die Schulter und wandte sich zum Gehen.

»Halt!«, rief der Dieb, »was fällt dir ein? Das alles willst du mitgehen lassen? Du Lump!« »Wieso?«, fragte der König, »es soll ja für uns beide reichen!« »Nix da«, sagte der Dieb entschieden, »du gibst jetzt sofort alles zurück, du elender Nimmersatt!« »Da wär' ich ja ein schöner Narr!«, sagte der König und ging zur Tür. Da wurde der Dieb zornig, sprang auf den König zu und versetzte ihm rechts eine und links eine, dass der falsche Schnurrbart aus dem Gesicht flog. Der Dieb aber merkte nichts davon, so wütend war er, und schimpfte weiter: »Aus dir wird nie ein ordentlicher Dieb werden, weil du kein Maß kennst! Wo käme denn da unser guter König hin, wenn sich alle so unverschämt bei ihm bedienen würden? Der Arme hat sowieso nichts als Schwindler und Betrüger um sich. Allein schon die Minister und Generäle, wie die ihm zusetzen! Nein, du gibst jetzt sofort alles zurück!« In dem Augenblick erhellte der Mond die Schatzkammer, und da sah der Dieb, dass seinem Kumpan der Schnurrbart fehlte. Er stutzte, betrachtete ihn, und dann zitterten ihm die Knie, denn er erkannte seinen König.

Der aber lächelte und sprach: »Das war wunderbar, wie du die Schatzkammer verteidigt hast. Und darum werde ich sie dir anvertrauen. Du sollst mein neuer Verwalter sein. So werden meine

Minister und Generäle nichts mehr in die eigene Tasche scheffeln können, denn du durchschaust ihre Kniffe und wirst zu mir stehen.« Da fiel der Dieb vor dem König auf die Knie und sagte: »Darauf könnt Ihr Euch verlassen!« Und so war es auch.

Märchen aus Schweden

Der einäugige Esel

Es war einmal ein Mann, der kaufte seinen Kindern einen jungen Esel. Der Esel aber war einäugig. Der Mann gewann den Esel lieb, und jeden Tag ging er ihm Gras holen. Nun musste er eines Tages eine Reise antreten, da sagte er zu seiner Frau: »Gib gut auf den Esel acht und hole ihm jeden Tag gutes Fessa-Gras, das gib ihm zu fressen.« Als der Mann ein paar Tage fort war, kam einer, der sah den Esel und wollte ihn kaufen. Die Frau erwiderte: »Das wird mein Mann nicht wollen, denn er hat den Esel gern.« Da sagte der Fremde: »So lüge ihm doch irgendetwas vor!« Und da verkaufte sie ihm den Esel.

Als der Mann nach einem Monat in der Fremde zurückkehrte, fragte er sogleich: »Wo ist der Esel, Frau?« »Lieber Mann«, erwiderte sie, »dein Esel war ein Esel, aber nun ist er es nicht mehr; als ich ging, ihm sein Fessa-Gras zu holen, da fand ich bei meiner Rückkehr, dass er inzwischen ein Richter geworden war.« »Wie das?«, rief der Mann, »und wo ist er jetzt?« »Im Regierungshaus«, sagte die Frau, »dort ist er hingegangen.«

Da sprach der Mann: »So will ich ihn holen gehen. Welcher von den Richtern ist denn unser Esel?« Nun war es so, dass es dort einen einäugigen Richter gab. Und da antwortete die Frau: »Der Richter, der nur ein Auge hat.« Darauf holte der Mann ein Büschel Fessa-Gras, ging zum Regierungshaus und trat mit dem Büschel Gras in der Hand vor den Richter: »Komm, komm, komm! Du Treuloser, hast du denn das gute Fessa-Gras vergessen, das ich dir jeden Tag gesucht habe und zu fressen gab?« Die Menge im Saal fing an zu lachen, und einer fragte: »Was sagst du da, Mann?« Er antwortete: »Der Richter war ein Esel, und jetzt ist er ein Richter geworden.« Da lachte die Menge wieder, und ein anderer fragte: »Welches Kennzeichen hat denn dein Esel, an dem du ihn

Märchen mit Witz

erkennst?« »Er ist einäugig.« Es wurde still im Saal, denn jeder konnte sehen, dass der Richter nur ein Auge hatte. Da ward die Menge aufgebracht und warf den Mann mit den Worten heraus: »Geh, Mann, du bist ja verrückt, ein Esel soll Richter werden? Wie kannst du sagen, der Richter ist ein Esel?« Der Richter aber sagte: »Ja, vermutlich ist er verrückt, der Arme, aber ruft ihn hierher zurück.« Da holten sie ihn wieder vor den Richter. Der aber fragte: »Wie viel war dein Esel wert?« »Fünfhundert Piaster«, erwiderte der Mann. Da nahm der Richter fünfhundert Piaster aus seiner Tasche und gab sie ihm; dann hieß er ihn weggehen.

Als der Mann heimkam, fragte seine Frau: »Nun, Mann, was hast du ausgerichtet?« »Dieser Treulose«, gab er zur Antwort, »er saß auf dem Sofa, wollte nichts mehr von mir wissen und schickte mich mit fünfhundert Piastern fort.«

aramäisches Märchen

Der Fuchs und die Gänse

Der Fuchs kam einmal auf eine Wiese, wo eine Herde schöner fetter Gänse saß; da lachte er und sprach: »Ich komme ja wie gerufen, ihr sitzt hübsch beisammen, so kann ich eine nach der andern auffressen.« Die Gänse gackerten vor Schrecken, sprangen auf, fingen an zu jammern und kläglich um ihr Leben zu bitten. Der Fuchs aber wollte auf nichts hören und sprach: »Da ist keine Gnade, ihr müsst sterben.«

Endlich nahm sich eine das Herz und sagte: »Sollen wir armen Gänse doch einmal unser jung frisch Leben lassen, so erzeige uns die einzige Gnade und erlaub' uns noch ein Gebet, damit wir nicht in unsern Sünden sterben; hernach wollen wir uns auch in eine Reihe stellen, damit du dir immer die Fetteste aussuchen kannst.« »Ja«, sagte der Fuchs, »das ist billig und ist eine fromme Bitte; betet, ich will so lange warten.« Also fing die Erste ein recht langes Gebet an, immer »Ga! Ga!«, und weil sie gar nicht aufhören wollte, wartete die Zweite nicht, bis die Reihe an sie kam, sondern fing auch an: »Ga! Ga!« Die Dritte und Vierte folgte ihr, und bald gackerten sie alle zusammen. (Und wenn sie ausgebetet haben, soll das Märchen weitererzählt werden, sie beten aber alleweile noch immer fort.)

Märchen der Brüder Grimm

Der Heiltrank

inst wanderte eine alte Frau durch die Lande und lebte von den Gaben guter Menschen. Eines Tages kam sie in ein Dorf, da sah sie eine junge Frau, die saß vor der Türe und weinte bitterlich. »Kind, was ist mir dir? Warum weinst du?«, fragte die Alte. »Ach, Großmütterchen. Jeden Tag schimpft mein Mann mit mir«, klagte die junge Frau, »und er droht sogar, mich zu schlagen.« Die Alte fragte: »Nun – und du? Erwiderst du sein Schelten?« »Aber ja!«, rief die junge Frau, »sagt er ein Wort, geb' ich zehn zurück, sagt er zehn, bekommt er zwanzig zurück! Aber, Großmütterchen, das hilft rein gar nichts. Er tobt nur noch wilder.«

Da sagte die Alte: »Vielleicht kann ich dir helfen.« »Ja, liebes Großmütterchen, hilf mir!«, bat die junge Frau, »dir möge die Sonne scheinen, kein Regen dich nässen und deine Schürze möge stets voller Gaben sein! Ich will dir Speck geben und Brot und weißes Linnen für ein Hemd, wenn du mir nur helfen kannst!«

Da kramte die Alte in ihrem Beutel und zog ein Fläschchen hervor. »Hier hast du einen Heiltrank, meine Tochter. Er ist auf sieben Kräutern angesetzt, gesammelt hinter sieben Bergen und sieben Flüssen, im dunklen Walde am hellen Stein, am ersten Sonnabend nach dem letzten Freitag.« Sie gab der jungen Frau das Fläschchen und mahnte: »Befolge genau, was ich dir sage, denn sonst erlischt die Zauberkraft: Trage das Fläschchen stets bei dir. Und wenn der Zank zwischen euch losgeht, dann dreh dich leise um und nimm ein Schlückchen von dem Trank. Aber nicht hinunterschlucken! Und nicht ausspucken! So lange im Mund bewahren, bis der böse Geist von deinem Mann gewichen ist! Und du wirst sehen: Die Not vergeht, der Zorn verweht.«

Dankbar nahm die junge Frau den Heiltrank, und die Alte zog weiter. Nach geraumer Zeit kam sie wieder in jenes Dorf. Und wieder saß die junge Frau vor dem Haus. Doch diesmal trällerte sie ein Lied. Als sie die Alte erblickte, sprang sie freudig auf und rief: »Großmütterchen, liebes Großmütterchen! Vielen tausend Dank für den Heiltrank!« »Dann hat er wohl geholfen?«, fragte die Alte. »Das sage ich dir! Wie weggeblasen sind alles Leid und aller Streit!«, jubelte die junge Frau, »kommt mein Mann heim und will zanken, so nehme ich ein Schlückchen von deinem Heiltrank und halte es im Mund. Und denk dir: Mein lieber Mann ist dann wie ausgewechselt. Er setzt sich friedlich an den Tisch und spricht freundlich mit mir. Dann schlucke ich den Trank hinunter und antworte ihm freundlich. Eitel Freude und Sonnenschein! So, und nun sollst du bekommen, was ich dir versprach.« Sie lief rasch ins Haus und brachte der Alten ein Weißbrot, ein gutes Stück Speck und feinen Leinenstoff. Die Alte nahm es, verneigte sich und machte sich auf den Weg.

Da rief die junge Frau: »Halt, Großmütterchen, so warte doch! Mein Zaubertrank geht ja zu Ende!« Die Alte drehte sich um und lächelte: »Sei unbesorgt, meine Tochter. Das ist nicht schlimm. Fülle sauberes Wasser aus dem Brunnen in die Flasche. Das wird von nun an helfen.«

Märchen aus der Ukraine

Der verhexte Ring

*M*itten auf einer schönen Wiese in Italien lag einmal ein großer Kuhfladen –»Merda«, wie die Italiener sagen. Da kamen drei Feen daher, und wie sie den Fladen sahen, sprach die Erste:»Ich will diesen Kuhfladen verzaubern, dass er sich in ein schönes junges Mädchen verwandelt!« Die Zweite sprach:»Und ich schenke ihr königliche Kleider, eine goldene Krone und einen schönen Ring!« Die Dritte jedoch sagte:»Ich aber will den Ring verhexen: Wer ihn am Finger trägt, der kann, wenn er den Mund aufmacht, nichts sagen als: ›Merda! Merda! Merda!‹« Und so geschah es: Der Kuhfladen verwandelte sich in ein schönes Mädchen, gekleidet in Samt und Seide und mit einer Krone auf dem Kopf, und am Finger trug sie den verhexten Ring. Die Feen verschwanden, und das Mädchen blieb allein zurück.

Da kam der junge König des Weges, sah das Mädchen, und es gefiel ihm sehr.»Wie schön du bist!«, sagte er,»wie lieblich sind deine Augen, deine Lippen, deine Haare.« Sie lächelte ihn freundlich an und sagte:»Merda! Merda! Merda!« Der König aber ließ sich nicht beirren und bat:»Fahre mit mir auf mein Schloss.« »Merda!«, sagte die Schöne und stieg ein. Und der König war so verliebt, dass er im Schloss sogleich zu seiner Mutter eilte und seine Heiratspläne mit der schönen Fremden von der Wiese verkündete. Aller Widerspruch half nichts, und schon am Sonntag sollte die Hochzeit sein.

In der Kirche bewunderten alle die schöne Braut, und die feinen Herren machten ihr Komplimente. Doch immer, wenn sie zu reden anhub, kam aus ihrem Mund nichts als:»Merda! Merda! Merda!« Als nun in der Brautmesse der Klingelbeutel herumgereicht wurde, warfen alle ein paar Münzen oder Scheine als Spende für die Kirche hinein. Wie er aber bei dem Mädchen angelangte, da hatte sie kein Geld bei sich, und weil sie gerne etwas geben wollte und sonst nichts hatte, zog sie den Ring vom Finger und warf ihn in den Klingelbeutel. Das sah der Pfarrer, und wie der Küster ihm nach der Runde durch die Kirchenbänke den Klingelbeutel gab, da dachte sich der Pfarrer: »So ein schöner Ring, der ist doch viel zu schade, den behältst du für dich«, nahm ihn heimlich heraus und steckte ihn rasch an den Finger. Dann wandte er sich an die Gemeinde, um zu predigen. »Liebe Brüder und Schwestern«, wollte er sagen, doch als er den Mund aufmachte, kam nichts heraus als: »Merda! Merda! Merda!«

War das ein Aufruhr in der Kirche! Alle schrien und sprangen durcheinander: »Oh Gott! Der Pfarrer, er ist verrückt geworden!« Als der Pfarrer seine Schäfchen zur Ordnung rufen wollte und immer nur »Merda! Merda! Merda!« hervorbrachte, da lachten die Leute schließlich und gingen nach Hause. Die schöne Braut aber konnte auf einmal sprechen, und ihre Stimme war lieblich, und ihre Worte waren es auch. Da freute sich der König und kehrte überglücklich mit ihr heim ins Schloss. Und zu seiner großen Erleichterung vernahm er aus ihrem Munde nie wieder die Worte »Merda! Merda! Merda!«.

Märchen aus Italien

Die Heckentür *

Es war einmal eine Frau, die hatte zwei Kinder, einen Jungen und ein Mädchen. Eines Tages musste sie auf Reisen gehen und die Kinder allein zu Hause lassen; da sagte sie zu ihnen: »Hört, Kinder: Wenn ich fort bin, so passt mir ja hübsch auf die Heckentür auf!«, und damit meinte sie, sie sollten sorgen, dass sich kein Spitzbub hineinschliche. Nun war sie eine Weile fort, da bekamen die Kleinen Langeweile, und der Bruder sagte zur Schwester: »Komm, wir wollen ein wenig hinaus in den Wald, und die Heckentür, die nehmen wir mit, dann ist's gut!« Das war sie zufrieden, und sie gingen hinaus in den Wald. Doch da verirrten sich die beiden und die Nacht überfiel sie, sodass sie wohl sahen, sie würden doch nicht mehr heimkommen. Da kletterten sie auf einen Eichbaum; dort wollten sie bis zum Morgen bleiben, damit die wilden Tiere sie nicht zerrissen.

Wie sie da so sitzen, kommen Spitzbuben daher, die schleppen einen großen Haufen Geld zusammen, den zählen sie. Da halten sich die Kleinen ganz still im Baum, damit die Männer sie nicht bemerken; aber endlich kann sich der Bruder nicht mehr halten und sagt zur Schwester: »Ich muss einmal was Kleines machen.« »Na, so tu's.« Da tut er's; die Spitzbuben aber zählen ruhig weiter und sagen: »'s ist ein wenig Regen, der fällt!«

Wieder nach einer Weile sagt der Bruder zur Schwester: »Ich kann's nicht länger halten, ich muss was Großes machen.« »Na, so tu's.« Da tut er's; aber die Spitzbuben zählen ihr Geld ruhig weiter und sagen: »'s ist ein wenig Mist von den Vögeln, die im Baume sitzen.«

Nun sitzen sie wieder eine ganze Weile, da sagt der Bruder auf einmal: »Ich kann die Heckentür nicht mehr länger halten!« »So wirf sie hinab!«, sagt die Schwester. Da wirft er sie hinab, und sie fällt mitten unter die Spitzbuben; die laufen eiligst davon und rufen: »Hui, geh'n die Wolken hier, hui, geh'n die Wolken hier!«

Nun war's aber schon Morgen geworden, und da stiegen Bruder und Schwester hinab vom Baume, nahmen die Heckentür und das Geld, das die Spitzbuben im Stich gelassen, dazu, und gingen glücklich nach Hause.

Da kam ihnen die Mutter entgegen; sie jammerte und schalt, dass sie nicht auf die Heckentür aufgepasst hätten, und nun seien die Spitzbuben dagewesen und hätten das ganze Haus ausgeräumt. Die Kleinen aber erzählten, wie es ihnen im Walde ergangen war. Da war die Mutter froh; und von dem Gelde kaufte sie neue Kleider und neues Gerät dazu, und es blieb noch so viel übrig, dass sie ihr Leben lang alle drei daran genug hatten.

Märchen aus Deutschland

Die Steinsuppe *

$\mathcal{E}$s war einmal ein Mönch, der war auf Wanderschaft. Auf seinem Weg kam er an das Haus eines reichen Bauern, und weil er hungrig war, klopfte er an die Tür und bat um etwas zu essen. Der geizige Bauer aber wollte nichts hergeben. Gerade wollte er die Türe schließen, da holte der Mönch einen Stein aus der Tasche und sagte: »Fein, dann gibt es heute wieder Steinsuppe. Seid so gut und gebt mir einen Kessel mit Wasser, ich brauche nur einen kleinen Platz an der Feuerstelle.« Der Bauer stutzte und lachte: »Steinsuppe? Wie soll das gehen: eine Suppe, gemacht von einem Stein?« Der Klosterbruder erwiderte: »Wie? Habt Ihr denn noch nie Steinsuppe gegessen? Köstlich, sage ich Euch, köstlich. Ihr dürft natürlich davon kosten.« Neugierig geworden, ließ der Bauer ihn ein und führte ihn zur Feuerstelle.

Sorgsam wusch der Mönch den Stein, setzte den Kessel aufs Feuer, tat den Stein hinein und wartete, bis das Wasser kochte. Von Zeit zu Zeit rührte er um, und nach einer Weile probierte er die Steinsuppe: »Der Stein kocht bereits gut aus, aber etwas Speck könnte nicht schaden. Das gibt einen gewissen Geschmack.« Der Bauer gab ihm verdutzt eine Scheibe Speck. Der Mönch schnitt sie klein, tat sie hinein, rührte, kostete: »Gut, aber ein paar Kartoffeln könnten nicht schaden. Das gibt einen gewissen Geschmack.« Der Bauer ging in den Gemüsegarten und grub rasch ein paar Kartoffeln aus. Der Mönch schnitt sie klein, tat sie hinein, rührte, kostete: »Gut, aber ein wenig Lauch könnte nicht schaden. Das gibt einen gewissen Geschmack.«

Der Bauer ging abermals in den Gemüsegarten und zog rasch ein paar Lauchstangen aus der Erde. Der Mönch schnitt sie klein, tat sie hinein, rührte, kostete: »Gut, aber ein wenig Wurst könnte nicht schaden. Das gibt einen gewissen Geschmack!« Bei dem

Gedanken lief dem Bauern das Wasser im Munde zusammen, er rannte rasch in die Speisekammer und holte eine dicke Räucherwurst. Der Mönch schnitt sie klein, tat sie hinein, rührte, kostete: »Mh! Himmlisch! Jetzt ist die Suppe fertig!«

Er füllte zwei Suppenschalen und die beiden aßen. »Ganz ausgezeichnet!«, sagte der Bauer, »ganz ausgezeichnet! Ich hätte nie gedacht, dass Steinsuppe so gut schmeckt!«

Sie aßen noch eine Schale und noch eine, bis nur noch der Stein im Kessel übrigblieb. Da fragte der Bauer: »Und der Stein? Was ist mit dem?« Der Mönch nahm den Stein heraus, wusch ihn sorgsam ab und stecke ihn zurück in die Tasche: »Der ist noch nicht ganz ausgekocht, der gibt noch eine gute Steinsuppe ab.«

Märchen aus Portugal

Stompe Pilt *

Hinterm Baalsberg, nicht weit von Filkestad, liegt ein Hügel, da wohnte früher ein Riese, der hieß Stompe Pilt. Nun traf es sich eines Tages, dass ein Ziegenhirte mit seiner Herde auf den Hügel kam. Da kam Stompe Pilt aus seiner Höhle und rannte mit einem Flintstein in der Faust auf ihn zu und brüllte: »Wer ist da?« Der Hirte aber rief zurück: »Ich, wenn du's wissen willst!«, und trieb seine Ziegen den Hügel hinauf. »Warte Bürschchen, wenn du näherkommst, dann zerdrücke ich dich wie den Stein hier«, schrie der Riese und zerknirschte den Stein zwischen den Fingern, bis er nur noch feiner Sand war. Der Hirte aber erwiderte: »Und ich, ich zerquetsche dich, dass das Wasser herausläuft, wie diesen Stein hier«, und dabei er zog rasch einen frischen Käse aus der Tasche und zerdrückte ihn, dass ihm das Wasser die Finger entlanglief.

»Ja, hast du denn gar keine Angst vor mir?«, verwunderte sich Stompe Pilt. »Vor dir gewiss nicht!«, antwortete der Hirte. Da schlug der Riese vor: »Dann lass uns miteinander kämpfen!« Der Hirte willigte ein: »Meinetwegen, aber zuerst wollen wir einander schelten, damit wir so richtig in Zorn geraten; denn im Schimpfen kommt der Zorn, und im Zorn kommt's dann zum Kampf.« »Gut, aber ich will mit dem Schimpfen anfangen«, sprach Stompe Pilt und hub an: »Einen krummnasigen Troll sollst du bekommen!« »Und du einen fliegenden Teufel«, schimpfte der Hirte zurück, und dabei schoss er dem Riesen mit seinem Bogen einen scharfen Pfeil in den Leib. »Was war das?«, wunderte sich Stompe Pilt und versuchte, den Pfeil aus seinem Fleisch herauszureißen. »Das war ein Schimpfwort!«, rief der Hirte. »Warum hat es Federn?«, wollte der Riese wissen. »Damit es besser fliegen kann«, sagte der Hirte. »Und warum sitzt es fest?«, fragte der Riese. »Weil es in deinem

Körper Wurzel geschlagen hat«, erwiderte der Hirte, »da hast du noch eines!«, und schoss einen Pfeil auf den Riesen. »Au, au«, schrie Stompe Pilt, »bist du denn noch nicht genug in Zorn geraten, dass wir uns prügeln können?« »Nein, beileibe nicht, ich muss erst noch einige Schimpfwörter loswerden«, antwortete der Hirte und legte wieder den Bogen an. Da schrie Stompe Pilt: »Halte ein, Hirte! Ich komme schon gegen deine Schimpfwörter nicht an, da bin ich auf deine Hiebe gar nicht aus. Führe deine Ziegen, wohin du willst!«, und er trollte sich wieder in seine Höhle. Also blieb der Hirte Sieger, weil er mutig war und sich von dem einfältigen Riesen nicht Bange machen ließ.

Märchen aus Schweden

Auf Reisen geh'n

Es war einmal eine arme Frau, die hatte einen Sohn, der wollte so gerne reisen. Da sagt die Mutter: »Wie kannst du reisen? Wir haben ja gar kein Geld, das du mitnehmen kannst.« Da sagt der Sohn: »Ich will mir wohl helfen, ich will immer sagen: ›Nicht viel, nicht viel, nicht viel!‹«

Da ging er nun eine gute Zeit und sagte immer: »Nicht viel, nicht viel!« Kommt er zu einem Trupp Fischer und sagt: »Gott helf euch! Nicht viel, nicht viel, nicht viel!« »Was sagst du, Kerl, nicht viel?« Und als sie das Garn herausziehen, kriegen sie auch nicht viele Fische. Die also mit einem Stock auf den Jungen los und: »Hast du mich nicht dreschen sehn?« »Was soll ich denn sagen?«, sagt der Junge. »Du sollst sagen: ›Fang voll, fang voll!‹«

Da geht er wieder eine ganze Zeit und sagt: »Fang voll, fang voll«, bis er an einen Galgen kommt, da haben sie einen armen Sünder, den wollen sie richten. Da sagt er: »Guten Morgen, fang voll, fang voll.« »Was sagst du, Kerl, fang voll? Sollen denn noch mehr leidige Leute in der Welt sein? Ist das noch nicht genug?« Er kriegt wieder was auf den Buckel. »Was soll ich denn sagen?« »Du sollst sagen: ›Gott tröste die arme Seele.‹«

Der Junge geht wieder eine ganze Zeit und sagt: »Gott tröste die arme Seele.« Da kommt er an einen Graben, da steht ein Schinder, der zieht ein Pferd ab. Der Junge sagt: »Guten Morgen, Gott tröste die arme Seele!« »Was sagst du, dummer Kerl?«, und schlägt ihm mit seinem Schinderhaken um die Ohren, dass er aus den Augen nicht sehen kann. »Was soll ich denn sagen?« »Du sollst sagen: ›Da liege im Graben, du Aas!‹«

Da geht er und sagt immerzu: »Da liege im Graben, du Aas! Da liege im Graben, du Aas!« Nun kommt er zu einem Wagen voll Leute, da sagt er: »Guten Morgen, da liege im Graben, du

Aas!« Da fällt der Wagen um in den Graben, der Knecht kriegt die Peitsche und verhaut den Jungen, dass er wieder zu seiner Mutter kriechen musste. Und er ist sein Lebtag nicht wieder auf Reisen gegangen.

Märchen der Brüder Grimm

Die kluge Frau
und der Malla

Es war einmal eine kluge Frau, die sah eines Tages, als sie spazieren ging, auf der Straße einen Mann hocken, der bitterlich weinte. Sie ging auf ihn zu und fragte: »Was ist dir? Warum weinst du?« Da erzählte er: »Ich habe vor Zeiten mein mühevoll Erspartes bei einem Malla hinterlegt, aber nun, wo ich es wieder holen will, da streitet er alles ab.« Die kluge Frau sagte: »Sei frohen Mutes. Ich will dafür sorgen, dass du dein Geld zurück bekommst. Warte hier auf mich.«

Dann ging sie rasch nach Hause, putzte sich heraus, nahm ein Kästchen mit Geld und rief ihr Dienstmädchen herbei. Dann gingen die beiden zu dem Mann zurück, und die kluge Frau sagte: »Wir gehen nun alle drei zu dem Malla, aber nacheinander. Hört genau hin.« Dann wandte sie sich zu dem Mann und sagte: »Folge mir in gewissem Abstand und eine Weile, nachdem ich eingetreten bin, komme herein und verlange vom Malla dein Geld zurück!« Dann wandte sie sich zum Dienstmädchen und sagte: »Du folgst als Letzte. Wenn du durch den Eingang siehst, dass der Mann sein Geld bekommen hat, so tritt ein und rufe: ›Herrin, oh Herrin, der Herr ist zurück!‹«

Als nun der Malla die geputzte Frau und das Kästchen voller Geld sah, trat er ihr mit großem Respekt entgegen. Die kluge Frau sagte: »Dies hier möge bei dir verwahrt sein, denn ich bin gezwungen, zu meinem Manne nach Basra zu reisen, und der Weg ist von Räubern unsicher.« Da trat der Mann ein und forderte sein Geld zurück. Und weil der Malla vor der Frau gut dastehen und in seinem Geschäft nicht gestört werden wollte, so händigte er dem Mann sogleich das Geld aus. In dem Moment kam die Dienerin tanzend vor Freude herein und rief: »Herrin, oh Herrin, der Herr ist zurück!« Da nahm die kluge Frau das Kästchen und sprach zum Malla: »Ach, welch ein Glück! Nun, da mein Mann zurück ist, muss ich das Geld nicht mehr bei dir in Verwahrung geben«, und auch sie begann zu tanzen, dann fiel auch der Mann in den Freudentanz ein.

Als der Malla die drei so tanzen sah, sprang er auf, und schließlich tanzte auch er mit. Da hielt die kluge Frau inne und fragte: »Sage mir, Malla: Ich tanze, weil mein Mann zurückgekommen ist; die Dienerin tanzt, weil ihr Herr zurückgekommen ist; der Mann tanzt, weil er sein Geld zurückbekommen hat; warum aber tanzt du?« Da sagte der Malla: »Wahrlich, auch ich habe Grund zu tanzen, denn noch nie sah ich eine Schelmin wie dich.«

aramäisches Märchen

Nasreddin
und der Kessel

Eines Tages bat Nasreddin seinen Nachbarn, er möge ihm einen Kessel borgen, damit er für seine Gäste kochen könne. Am andern Tag brachte er ihn wieder zurück, und obendrein noch ein kleines Kesselchen. »Was hat es damit auf sich?«, fragte der Nachbar. »Schau, dein Kessel ist doch ein Weibchen«, sagte Nasreddin, »und da hat es bei mir dieses kleine Kesselchen zur Welt gebracht.« Dem Nachbarn gefiel das wohl, er sagte nichts weiter und nahm beide Kessel vergnügt entgegen.

Nach geraumer Zeit bat Nasreddin den Nachbarn wieder um den Kessel. Der Nachbar reichte ihn mit den Worten: »Sieht mir ganz danach aus, als bekäme der Kessel bald wieder ein Kind; wie es scheint sogar Zwillinge!« Am andern Tag aber wartete er vergebens auf seinen Kessel und den erhofften Nachwuchs, und auch die nächsten Tage. Nach einem Monat ging er schließlich zu Nasreddin und fragte, warum er den Kessel denn nicht zurückbekomme. »Schau, dein Kessel«, sagte Nasreddin, »ist leider, leider gestorben.« »Weh dir, kann denn ein Kessel sterben?«, schrie der Nachbar, »rück ihn sofort wieder heraus!« Nasreddin aber antwortete: »Wenn du geglaubt hast, dass dein Kessel Kinder kriegen kann, so musst du auch glauben, dass er sterben kann.« Also musste der Nachbar die Hoffnung auf seinen Kessel begraben.

Märchen aus der Türkei

Wer den Duft des Essens verkauft

Es war einmal ein armer Mann, der hatte sich ein Stück Brot verschaffen können und trug es nun freudig nach Hause. Er dachte daran, wie herrlich es doch sein müsste, dazu noch etwas anderes zu beißen zu haben, da kam er an ein Gasthaus. In der offenen Küche bereitete der Koch gerade das Essen zu. Der Fleischkessel dampfte und verströmte einen verlockenden Duft, der dem Armen in die Nase stieg. Mmmh! Wie köstlich das duftete! Er trat näher und beugte sich über den Kessel. Dann brach er ein Bröckchen vom Brot ab, hielt es kurz über den dampfenden Fleischkessel und steckte es genüsslich in den Mund. Und so benetzte er Stück für Stück mit dem Dampf, bis er sein Brot aufgegessen hatte. Der Koch schaute erstaunt zu, dann aber packte er den Armen am Kragen und sagte: »So, mein Lieber, und nun zahle für das Mahl!« Der arme Mann schüttelte den Kopf und rief: »Aber ich habe doch keinen einzigen Bissen aus dem Kessel verzehrt!« Der Koch jedoch bestand darauf und zerrte ihn vor den Kadi.

Das Richteramt übte zu jener Zeit Nasreddin Hodscha aus. Und als der beide angehört hatte, holte er zwei Silbergroschen aus der Tasche und winkte den Koch zu sich: »Tritt näher und spitz' die Ohren!« Dann ließ er die Geldstücke klimpern und sagte: »Da, nimm den Klang des Geldes und scher dich fort!« Da rief der Koch entrüstet: »Was ist das für eine Verhandlung?!« Nasreddin aber sagte: »Mit diesem Urteil wird der Gerechtigkeit Genüge getan. Wer den Duft des Essens verkauft, der hat auch nur Anspruch auf das Klimpern des Geldes!«

Märchen aus der Türkei

Die Wette
mit dem Hasen*

Der Hase ging eines Tages ans Meer. Dort traf er den Wal. Da rief er so laut er konnte: »Komm doch mal her, ich will dir etwas sagen, du wirst staunen!« Der Wal wurde neugierig und schwamm näher. Der Hase rief: »Du bist zwar groß, sehr groß sogar. Und ich bin klein, sehr klein sogar. Aber wollen wir wetten, dass ich genauso stark bin wie du?« Der Wal wollte schon wegschwimmen, da rief der Hase rasch: »Wir machen es so: Ich hole ein langes Seil. Das eine Ende schlingen wir um deine Schwanzflosse und das andere um meine Rippen. Und dann zieht jeder an seinem Ende, so fest er kann.« Dem Wal erschien das lachhaft, aber um sich einen Spaß zu machen, willigte er ein: »Geh nur, Kleiner, und hole dein Seil.« »Bin gleich wieder da«, rief der Hase und eilte in den Busch, zum Ruheplatz eines Elefanten.

Dort rief der Hase so laut er konnte: »Du bist zwar groß, sehr groß sogar. Und ich bin klein, sehr klein sogar. Aber wollen wir wetten, dass ich genauso stark bin wie du?« Der Elefant aber missachtete den Winzling und schwieg. Doch der Hase gab nicht auf und sprach: »Wir machen es so: Ich hole ein langes Seil. Das eine Ende schlingen wir um deinen Schwanz und das andere um meine Rippen. Und dann zieht jeder an seinem Ende, so fest er kann.« Der Elefant wollte dem Hasen eine Lehre erteilen, und so willigte er ein: »Geh nur und hole dein Seil.« »Bin gleich wieder da«, rief der Hase.

Er holte ein langes Seil und lief damit ans Meer. Dann gab er das eine Ende dem Wal und sagte: »Binde es gut fest, und wenn ich ›fertig, los‹ rufe, dann fangen wir an zu ziehen, einverstanden?« Der Wal band sich das Seil um die Schwanzflosse und wartete auf das Zeichen des Hasen. Der aber lief mit dem anderen Seilende, so rasch er konnte, in den Busch und sagte zum Elefanten: »Binde es gut fest, und wenn ich ›fertig, los‹ rufe, dann fangen wir an zu ziehen, einverstanden?« Der Elefant band sich das Seil um den Schwanz und wartete auf das Zeichen des Hasen. Der hüpfte flink fort, versteckte sich in einem Dornbusch und rief: »Achtung, fertig, los!« Und da zog der Wal an dem einen und der Elefant an dem anderen Ende; sie zogen mit aller Kraft, bis das Seil zum Zerreißen gespannt war, doch keiner konnte den anderen vom Fleck bewegen. Sie zogen und zogen, bis das Seil schließlich riss.

Da lief der Hase zum Elefanten und sprach: »Siehst du? Ich bin genauso stark wie du!«, und der Elefant zog beschämt davon. Dann lief der Hase zum Wal und rief: »Siehst du? Ich bin genauso stark wie du!«, da schwamm der Wal beschämt davon. Der Hase aber schlug vor Freude einen Purzelbaum und befand: »Das ist wirklich ein großartiger Tag!«

Märchen aus Afrika

Der hungrige Schüler

$\mathcal{E}$in weiser alter Mann und sein Schüler lebten in einer einsamen Hütte im Wald. Sie ernährten sich von den Früchten, Nüssen und Wurzeln des Waldes. Der Junge war oft hungrig, und er sehnte sich nach den Kuchen, die seine Mutter ihm immer gebacken hatte. Schließlich konnte er an nichts anderes mehr denken. Der Meister merkte dies, und so unterbrach er eines Tages den Unterricht und sprach: »Nimm den Korb, gehe ins Dorf und erbitte ein wenig Speise für uns.«

Der Junge lief ins Dorf und ging von Haus zu Haus, und jedes Mal bekam er einen Kuchen, oft sogar zwei. Rasch war der Korb bis obenhin voll mit köstlichen Kuchen. Der Junge machte sich auf den Heimweg. Mit jedem Schritt stieg ihm der Duft in die Nase, und das Wasser lief ihm im Munde zusammen. Nach einer Weile setzte er sich unter einen Baum und machte Rast. Und wie er da so saß, dachte er: »Der Meister ist weise und gerecht, und er hat ein gutes Herz. Sicher wird er mir die Hälfte der Kuchen geben. Da kann ich sie mir auch jetzt gleich nehmen.« Dann griff er beherzt zu, und im Handumdrehen hatte er die Hälfte der Kuchen aufgegessen.

Der Junge stand auf und ging weiter. Den herrlichen Geschmack hatte er noch immer im Mund, und es dauerte nicht lange, da hatte er wieder Hunger, und er dachte: »Der Meister ist weise und gerecht, und er hat ein gutes Herz. Sicher wird er mir die Hälfte der restlichen Kuchen geben. Da kann ich sie mir auch jetzt gleich nehmen.« Dann griff er beherzt zu, und rasch war die Hälfte der Hälfte aufgegessen.

Der Junge ging weiter. Doch es dauerte nicht lange, da fing sein Bauch wieder an zu knurren, und er dachte: »Wenn mir eigentlich immer die Hälfte der Kuchen gehört: Was soll ich sie dann noch bis zur Hütte schleppen? Da kann ich sie mir auch jetzt gleich nehmen.« Also nahm er die Hälfte der Kuchen und aß sie, dann nahm er wieder die Hälfte der Kuchen und aß sie, und wieder und wieder, bis nur noch ein einziger Kuchen übrig war. Den wollte er nun dem Meister bringen.

Der Junge ging weiter. Doch schon nach ein paar Schritten konnte er an nichts anderes mehr denken als an den köstlichen kleinen Kuchen im Korb. Da sagte er sich: »Der Meister ist weise und gerecht, und er hat ein gutes Herz. Sicher wird er mir die Hälfte vom Kuchen geben. Da kann ich sie mir auch jetzt gleich nehmen.« Er teilte den Kuchen in zwei Hälften und aß die eine auf. Und so kam es, dass der Junge schließlich mit einem halben Kuchen im Korb vor den Meister trat.

»Das ist alles, was die Menschen im Dorf dir gaben?«, fragte der Meister verwundert. »Nein, nein!«, rief der Junge, »der Korb war voll bis oben hin. Aber unterwegs hab' ich die Hälfte gegessen, denn du gibst mir ja immer die Hälfte, und dann wieder die Hälfte ...« Und er erzählte dem Meister, wie er geteilt und geteilt und gegessen und gegessen hatte, und wie gut ihm die köstlichen Kuchen geschmeckt hatten. »Wie konntest du nur all die Kuchen essen!«, rief der Meister erstaunt. »Oh!«, sagte der Junge, »das war ganz einfach, guck!«, und er griff den letzten halben Kuchen und aß ihn auf.

Der Meister aber sprach: »Heute warst du es, der mich etwas gelehrt hat, und ich danke dir dafür: In einem leeren Bauch steckt mehr Klugheit als in einem vollen Kopf!«

Märchen aus Indien

Der Mann, der die Hausarbeit tun sollte

Es war einmal ein Mann, der hatte an allem etwas auszusetzen. Nichts konnte seine Frau ihm recht machen. Eines Tages verspätete sich die Frau ein wenig mit dem Mittagessen, das sie ihm jeden Tag aufs Feld brachte. Der Mann schrie: »Du hast es gut, du musst nicht arbeiten und hast nur den Haushalt zu machen. Ich aber muss jeden Tag die schwere Feldarbeit verrichten. Also sei wenigstens pünktlich mit dem Essen da.« Da sagte die Frau: »Weißt du was, Mann? Morgen wollen wir tauschen: Du bleibst zu Hause und machst die Hausarbeit, und ich geh' hinaus aufs Feld.« Der Mann war einverstanden. Also griff die Frau am andern Morgen die Sense und machte sich an die Heuernte, und der Mann blieb, um das Haus zu versorgen.

Er begann mit dem Butter machen. Nach einer Weile wurde er durstig und ging hinunter in den Keller, um sich ein Dünnbier zu zapfen. Er zog den Zapfen aus dem Bierfass und stellte die Bierkanne darunter. Da hörte er plötzlich das Schwein in der Küche grunzen. Er musste wohl vergessen haben, die Haustür zu schließen. »Oh je, das Butterfass!«, dachte der Mann, »nicht, dass das Schwein es umwirft!«, und er sprang, so schnell er konnte, die Treppe hinauf. Und da sah er das Schwein beim Butterfass, umgestürzt auf dem Boden, wie es zufrieden die ausgelaufene Sahne schmatzte; die hatte sich mittlerweile auf dem ganzen Küchenboden verteilt. Der Mann griff den Besen und wollte damit das Schwein aus der Küche vertreiben. In seiner Wut versetzte er ihm aber einen solchen Schlag, dass es umfiel und sich nicht mehr rührte. Da sah er den Zapfen in seiner Hand, und ihm fiel das Bierfass im Keller wieder ein. Hals über Kopf rannte er zurück, aber ach, da war das schöne Bier schon ausgelaufen.

Also ging der Mann in die Milchkammer, schöpfte neue Sahne ab und machte sich erneut ans Buttern. Wie er eine Weile zugange war, hörte er die Kuh im Stall muhen. »Oh je, die habe ich ganz vergessen«, dachte der Mann. Sie hatte weder Futter noch Wasser, obwohl die Sonne schon hoch am Himmel stand. Aber die Kuh hinaus auf die Weide zu führen, dazu ihm blieb keine Zeit mehr, wollte er rechtzeitig mit dem Buttern fertig werden. Da kam ihm der Gedanke, die Kuh aufs Dach zu bringen, denn das war mit Gras bewachsen. Und weil das Haus an einem Hang lag, konnte er sie von dort über eine Planke aufs Dach führen. Doch zuerst wollte er sie tränken. Und das Butterfass, das wollte er diesmal lieber nicht in der Küche allein lassen, denn dort krabbelte auch ihr jüngster Sohn herum. Also nahm er das Butterfass auf den Rücken, nahm einen Eimer und ging damit zum Brunnen, um Wasser für die Kuh zu holen. Wie er sich aber hinunter beugte, um Wasser zu schöpfen, da lief ihm die Sahne in den Nacken und floss in den Brunnen hinab. Da gab er das Buttern auf, führte die Kuh aufs Dach und machte sich daran, Grütze zu kochen; denn mittlerweile war es schon fast Mittag, und er wollte seiner Frau pünktlich das Essen aufs Feld bringen.

Wie er so im Kochtopf rührte, fiel ihm ein, die Kuh könne vom Dach fallen und sich das Genick brechen. Rasch griff er einen Strick, rannte aufs Dach, band der Kuh das eine Ende um den Hals und ließ das andere den Schornstein hinunter. Dann rannte er wieder in die Küche, nahm den Strick und band ihn ums Bein. Nun konnte er die Kuh, falls sie herunterfiele, mit Hilfe des Stricks wieder hinaufziehen. Grad wollte er die Grütze umrühren, da ruckte es mit einem Mal und, hui, sauste der Mann am Strick den Schornstein hinauf – bis er darin steckenblieb. Da hing er nun und konnte weder vor noch zurück, und die Kuh baumelte am anderen Ende des Stricks in der Luft.

Unterdessen wartete die Frau auf dem Feld vergebens auf ihr Essen. Nach getaner Arbeit machte sie sich hungrig auf den Heimweg. Als sie auf den Hof kam, sah sie die Kuh zwischen

Märchen mit Witz

Himmel und Erde hängen; da schnitt sie schnell den Strick mit der Sense durch. Als sie in die Küche kam, sah sie durch den beißenden Qualm der angebrannten Grütze das arme Schwein am Boden liegen. Sie watete durch den Sahne-See, las ihren Sohn auf, der fröhlich darin herumpatschte, und ging zum Herd, denn von dort hörte sie ein dumpfes Rufen. Und da fand sie ihren Mann – kopfüber im Grütztopf.

Märchen aus Norwegen

Der Lügner

Es war einmal ein König, der ließ im ganzen Reich verkünden: »Wer dem König die dickste Lüge erzählt, bekommt zur Belohnung einen goldenen Apfel.« Nun strömten aus allen Teilen des Landes die findigsten Lügner herbei und tischten dem König eine Lüge nach der anderen auf. Aber dem König gefiel keine davon. Jedes Mal sagte er: »Das mag wohl wahr sein«, und keinem gelang es, den goldenen Apfel zu bekommen.

Schließlich trat ein alter Bettler vor den König. Er hatte einen großen Topf dabei. Der König fragte: »Nun, alter Mann, was willst du?« »Lang lebe der König!«, sagte der Bettler, »verzeiht, ich möchte nur mein Geld zurück, den Topf voll Gold, den ihr mir schuldet.« »Du lügst!«, rief der König, »ich schulde dir nichts!«

»Nun«, sagte der Bettler, »wenn Ihr meint, dass ich lüge, so gebt mir die Belohnung, die Ihr versprochen habt, den goldenen Apfel.« Da merkte der König, worauf der Bettler hinauswollte, und rasch sagte er: »Nein, nein, du hast natürlich die Wahrheit gesprochen.«

»Nun«, sagte der Bettler, »wenn ich die Wahrheit gesprochen habe, so gebt mir den Topf voll Gold, den Ihr mir schuldet.«

Da sagte der König nichts mehr. Und er gab dem Bettler den wohlverdienten goldenen Apfel.

Märchen aus Armenien

Das Hirtenbüblein

Es war einmal ein Hirtenbübchen, das war wegen seiner weisen Antworten, die es auf alle Fragen gab, weit und breit berühmt. Der König des Landes hörte auch davon, glaubte es nicht und ließ das Bübchen kommen.

Da sprach er zu ihm: »Kannst du mir auf drei Fragen, die ich dir vorlegen will, Antwort geben, so will ich dich ansehen wie mein eigen Kind, und du sollst bei mir in meinem königlichen Schloss wohnen.« Sprach das Büblein: »Wie lauten die drei Fragen?«

Der König sagte: »Die erste lautet: Wie viel Tropfen Wasser sind in dem Weltmeer?« Das Hirtenbüblein antwortete: »Herr König, lasst alle Flüsse auf der Erde verstopfen, damit kein Tröpflein mehr daraus ins Meer lauft, das ich nicht erst gezählt habe, so will ich Euch sagen, wie viel Tropfen im Meere sind.«

Sprach der König: »Die andere Frage lautet: Wie viel Sterne stehen am Himmel?« Das Hirtenbübchen sagte: »Gebt mir einen großen Bogen weiß Papier«, und dann machte es mit der Feder so viel feine Punkte darauf, dass sie kaum zu sehen und fast gar nicht zu zählen waren und einem die Augen vergingen, wenn man darauf blickte. Darauf sprach es: »So viel Sterne stehen am Himmel als hier Punkte auf dem Papier, zählt sie nur.« Aber niemand war dazu imstand.

Sprach der König: »Die dritte Frage lautet: Wie viel Sekunden hat die Ewigkeit?« Da sagte das Hirtenbüblein: »In Hinterpommern liegt der Demantberg, der hat eine Stunde in die Höhe, eine Stunde in die Breite und eine Stunde in die Tiefe; dahin kommt alle hundert Jahr ein Vögelein und wetzt sein Schnäblein daran, und wenn der ganze Berg abgewetzt ist, dann ist die erste Sekunde von der Ewigkeit vorbei.«

Sprach der König: »Du hast die drei Fragen aufgelöst wie ein Weiser und sollst fortan bei mir in meinem königlichen Schlosse wohnen, und ich will dich ansehen wie mein eigenes Kind.«

Märchen der Brüder Grimm

Der Gesang
der Nachtigall

*E*inst lebte ein reicher Kaufmann, der brachte von seinen Handelsreisen viele Kostbarkeiten mit. Eines Tages kaufte er eine Nachtigall. »Dich will ich nicht wieder verkaufen, du bist mir lieb und teuer«, sagte der Kaufmann, »denn dein Gesang rührt mir das Herz.« Seine Nachtigall sollte es gut bei ihm haben, und so ließ er für sie einen goldenen Käfig bauen, mit einem Dach aus Kristall. Der Kaufmann setzte die Nachtigall in den Käfig. Er gab ihr Wasser aus einer Perlmuschel zu trinken, er gab ihr Körner aus einer Bernsteinschale zu fressen. Und die Nachtigall sang. Sie sang so schön, dass dem Kaufmann warm ums Herz wurde; er war froh und traurig zugleich, und eine große Sehnsucht erfasste ihn, aber wonach, das wusste er nicht. Schließlich wurde sein Sehnen so groß, dass er es nicht mehr aushielt, und er sagte: »Es muss wohl Sehnsucht nach fernen Ländern sein. Ich will eine weite Handelsreise machen.« Er verabschiedete sich von der Nachtigall. Da sprach sie: »Ich bitte dich, erfülle mir einen Wunsch: Reise auch in mein Heimatland. Dort in einem Garten voller Granatapfelbäume leben meine Schwestern. Überbringe ihnen meine Grüße und eine Botschaft.« »Das will ich gerne tun«, sagte der Kaufmann, »wie lautet die Botschaft?« Da sang die Nachtigall:

> »Mein Käfig aus Gold
> ist teuer und hold,
> der Heimat Sterne
> in weiter Ferne.
> Fremd ist mir Klage,
> nach Antwort ich frage.«

Der Kaufmann brach zur Reise auf und kam schließlich auch in die Heimat der Nachtigall. Dort fand er den Garten der Granatapfelbäume. Im Abendlicht leuchteten die roten Granatäpfel, und aus den Zweigen klang der liebliche Gesang der Nachtigallen. Sie sangen so schön, dass dem Kaufmann warm ums Herz wurde; er war froh und traurig zugleich, und eine große Sehnsucht erfasste ihn, aber wonach, das wusste er nicht. Eine Nachtigall aber sang besonders schön. Der Kaufmann trat näher und rief: »Höre, Nachtigall, ich bringe dir Grüße von deiner Schwester und eine Botschaft:

Mein Käfig aus Gold
ist teuer und hold,
der Heimat Sterne
in weiter Ferne.
Fremd ist mir Klage,
nach Antwort ich frage.«

Für einen Moment war der Garten stille, kein Laut war zu hören. Dann fiel die Nachtigall wie ein Stein herab und blieb reglos am Boden liegen. »Arme Nachtigall«, sagte der Kaufmann bestürzt, »die Botschaft deiner Schwester muss dir das Herz gebrochen haben.« Er hob sie auf und bettete sie ins Gras am Fuß des Granatapfelbaums. Doch mit einem Mal regte sich die Nachtigall wieder, breitete die Flügel aus und flog davon, flog von einem Baum zum andern und sang und sang. Der Kaufmann sah ihr kopfschüttelnd nach und dachte: »Seltsam, nicht einmal einen Gruß hat sie für die Schwester übrig.« Dann trat er die Heimreise an.

Daheim erzählte er seiner Nachtigall, was sich im Garten der Granatapfelbäume ereignet hatte. »Es tut mir leid, dass ich dir keine Antwort überbringen kann«, sagte der Kaufmann, »und nun sing bitte für mich, ich habe deine Lieder vermisst.« Die Nachtigall aber saß still im Käfig. Sie sagte nichts, sie sang nicht, sie wollte nicht essen, nicht trinken, sie saß nur still da. Und am nächsten Morgen fand der Kaufmann seine Nachtigall reglos am Boden des Käfigs liegen. Bestürzt öffnete er den Käfig und hob sie heraus. Er hauchte sie an. Nichts. Er flößte ihr frisches Wasser ein. Nichts. Sie rührte sich nicht. »Oh nein, sie ist tot!«, rief der Kaufmann traurig und weinte um seine Nachtigall. Dann ging er mit ihr in den Garten, dort wollte er sie begraben. Er legte sie ins Gras, um Erde auszuschaufeln. Doch mit einem Mal regte sich die Nachtigall wieder, breitete die Flügel aus und flog davon, flog von einem Baum zum andern und sang und sang. »Nachtigall! Liebe Nachtigall!«, rief der Kaufmann. Die Nachtigall aber sagte: »Danke für die Antwort meiner Schwester! Und sei mir nicht böse!« Dann sang sie ihm ein Abschiedslied und flog heim zu ihren Schwestern, in den Garten der Granatapfelbäume.

Märchen der Tataren

Arm und Reich

In einem Dorf am Fluss lebten einmal zwei Männer, die waren gute Freunde, obgleich sie kaum unterschiedlicher hätten sein können: Der eine war bitterarm, aber er war mit dem Wenigen, was er hatte, so großzügig, dass er jeden als Gast betrachtete und großherzig teilte, ja sogar verschenkte, was sein war. Der andere war reich, aber er war geizig wie die Nacht finster; er liebte sein Geld über alles, und es schmerzte ihn, auch nur ein kleines bisschen davon herzugeben.

Die beiden Freunde wanderten eines Tages, ins Gespräch vertieft, am Fluss entlang. Da geschah es, dass der Reiche auf einmal am schlammigen Ufer ausrutschte und ins Wasser fiel. Er konnte nicht schwimmen, strampelte und kämpfte um sein Leben. Sein armer Freund stand am Ufer, wollte ihn herausziehen und rief: »Gib mir deine Hand!« Der Reiche aber hatte noch nie in seinem Leben etwas freiwillig hergegeben, also schüttelte er nur stumm den Kopf, strampelte weiter und ging unter. Als er kurz auftauchte, rief sein Freund wieder: »Gib mir deine Hand!« Der Reiche aber strampelte weiter und ging erneut unter.

Da endlich wusste der Arme, was zu tun war. Als der Reiche das nächste Mal auftauchte, rief er lauthals: »Nimm meine Hand! Greif zu!« Und weil das Nehmen dem Reichen noch nie schwergefallen war, griff er die Hand des Armen, und so konnte der ihn nun herausziehen und retten.

Märchen der Zigeuner

Das Glück
des Tagelöhners

 s war einmal ein armer Tagelöhner, der lebte glücklich und
zufrieden mit seiner Frau und seinen Kindern in einem win-
zigen Haus am Waldrand. Mühselig verdiente er sein tägliches
Brot, fällte Bäume, hackte Holz und schnitt Bretter zu. Schwere Arbeit war das, viel Schweiß für wenig Lohn. Und dennoch
klang des Abends stets Lachen und Singen aus dem kleinen
Haus. Das hörte eines Tages auch der König, als er auf der Jagd
dort vorbeikam. Da hielt er verwundert inne und empörte sich:
»Was haben Tagelöhner zu lachen?« Und er schickte einen Boten
zum Tagelöhner, der ihm ausrichtete: »Höre, Holzhacker, was
dir unser Herr, der König, befielt: Fülle bis zum Morgengrauen
fünfzig Sack mit Sägemehl. Schaffst du das nicht, so seid ihr alle
des Todes: Du, deine Frau und deine Kinder!« Der Tagelöhner
erschrak: »Fünfzig Säcke Sägemehl in einer Nacht! Das kann kein
Mensch schaffen. Ach, wir sind verloren!«

Seine Frau aber tröstete ihn: »Mein Lieber, wir haben ein gutes
Leben gehabt. Wir hatten uns und unsere Kinder, und wir hatten
Freunde und Freude genug. Fünfzig Säcke können wir nie und
nimmer bis zum Morgen füllen. Darum lass uns in dieser Nacht
noch einmal unser glückliches Leben feiern mit unseren Kindern
und all unseren Freunden. Und so, wie wir gelebt haben, wollen
wir auch dem Tod entgegengeh'n!« Da riefen sie ihre Kinder, luden
die Freunde ein und feierten in dieser Nacht noch einmal ein Fest,
sangen und lachten und waren glücklich bis zum Morgengrauen.
Dann schliefen die Kinder ein. Die Freunde gingen, einer nach
dem andern. Und dann war der Tagelöhner allein mit seiner Frau.
Da standen sie nun still am Fenster und warteten auf die Morgensonne. Und da überkam sie die Traurigkeit. »Ach«, sagte die
Frau, »es ist doch schwer, das Leben zu lassen, wenn es so glücklich

war.« Nun war es der Tagelöhner, der seine Frau tröstete: »Lass gut sein, es ist doch besser, dankbar für all unser Glück zu sterben als weiterzuleben in ständiger Angst und Traurigkeit.« In dem Augenblick klopfte es an die Tür, und der Tagelöhner sagte: »Das werden sie sein, die Soldaten des Königs«, und er umarmte noch einmal seine Frau, dann machte er die Tür auf. Draußen stand der Hauptmann des Königs. Zögernd trat er über die Schwelle, dann sagte er: »Höre, Holzhacker, schneide zwölf Eichenbretter für einen Sarg. Diese Nacht ist der König gestorben.«

Märchen aus Armenien

Der alte Großvater und der Enkel*

Es war einmal ein steinalter Mann, dem waren die Augen trüb geworden, die Ohren taub, und die Knie zitterten ihm. Wenn er nun bei Tische saß und den Löffel kaum halten konnte, schüttete er Suppe auf das Tischtuch, und es floss ihm auch etwas wieder aus dem Mund.

Sein Sohn und dessen Frau ekelten sich davor, und deswegen musste sich der alte Großvater endlich hinter den Ofen in die Ecke setzen, und sie gaben ihm sein Essen in ein irdenes Schüsselchen und noch dazu nicht einmal satt; da sah er betrübt nach dem Tisch und die Augen wurden ihm nass. Einmal auch konnten seine zittrigen Hände das Schüsselchen nicht festhalten, es fiel zur Erde und zerbrach. Die junge Frau schalt, er sagte aber nichts und seufzte nur. Da kaufte sie ihm ein hölzernes Schüsselchen für ein paar Heller, daraus musste er nun essen.

Wie sie da so sitzen, so trägt der kleine Enkel von vier Jahren auf der Erde kleine Brettlein zusammen. »Was machst du da?«, fragte der Vater. »Ich mache ein Tröglein«, antwortete das Kind, »daraus sollen Vater und Mutter essen, wenn ich groß bin.«

Da sahen sich Mann und Frau eine Weile an, fingen endlich an zu weinen, holten alsofort den alten Großvater an den Tisch und ließen ihn von nun an immer mitessen, sagten auch nichts, wenn er ein wenig verschüttete.

Märchen der Brüder Grimm

Der goldene Schlüssel*

Zur Winterszeit, als einmal ein tiefer Schnee lag, musste ein armer Junge hinausgehen und Holz auf einem Schlitten holen. Wie er es nun zusammengesucht und aufgeladen hatte, wollte er, weil er so erfroren war, noch nicht nach Haus gehen, sondern erst Feuer anmachen und sich ein bisschen wärmen. Da scharrte er den Schnee weg, und wie er so den Erdboden aufräumte, fand er einen kleinen goldenen Schlüssel.

Nun glaubte er, wo der Schlüssel wäre, müsste auch das Schloss dazu sein, grub in der Erde und fand ein eisernes Kästchen. »Wenn der Schlüssel nur passt!«, dachte er, »es sind gewiss kostbare Sachen in dem Kästchen.« Er suchte, aber es war kein Schlüsselloch da; endlich entdeckte er eins, aber so klein, dass man es kaum sehen konnte. Er probierte, und der Schlüssel passte glücklich.

Da drehte er einmal herum, und nun müssen wir warten, bis er vollends aufgeschlossen und den Deckel aufgemacht hat; dann werden wir erfahren, was für wunderbare Sachen in dem Kästchen lagen.

Märchen der Brüder Grimm

Die Alte
mit den Bohnen

*E*s war einmal eine arme Frau, die lebte auf ihre alten Tage allein, und alleweil Mühsal herrschte im Haus. Sie aber war es zufrieden und dankte Gott für jeden Tag. Und so zog sie jeden Morgen ihre Kittelschürze an und machte sich frohen Mutes an ihr Tagwerk.

Ihr erster Gang aber galt der Speisekammer. Dort griff sie in den Sack mit getrockneten Bohnen, nahm eine Handvoll heraus und steckte sie in die rechte Schürzentasche.

Und jedes Mal, wenn ihr am Tag etwas Schönes begegnete – ein glitzernder Tautropfen, das Lachen eines Kindes, der Duft einer Blume oder ein freundliches Wort – so nahm sie eine Bohne aus der rechten Schürzentasche und steckte sie in die linke.

Am Abend, bevor sie zu Bette ging, da griff sie in die linke Schürzentasche, holte die Bohnen hervor und breitete sie vor sich aus. Dann nahm sie jede einzelne Bohne in die Hand und betrachtete sie. Sie betrachtete all das Gute und Schöne, das ihr an diesem Tage widerfahren war. Jede Bohne führte ihr wieder vor Augen, was ihr das Herz gerührt hatte.

Und fand sich auch nur eine einzige Bohne in der linken Schürzentasche, so wusste sie: Der Tag war gelungen. Der Tag war gut.

Märchen aus Deutschland

Zwei Wölfe

Es war einmal ein alter Indianer, der saß mit seinem Enkel am Lagerfeuer. Es war dunkel geworden, die glühenden Holzscheite knisterten und knackten, dass die Funken gen Himmel flogen. In Gedanken versunken sahen die beiden in die Flammen. Lange saßen sie so. Da sagt der Großvater: »Weißt du, wie ich mich manchmal fühle? Es ist grad so, als wenn in meinem Herzen zwei Wölfe miteinander kämpfen: Der eine ist feindselig, misstrauisch und voller Angst. Der andere ist mutig, voller Hoffnung, voller Liebe.« Der Enkel schaut ihn an: »Und welcher Wolf wird den Kampf um dein Herz gewinnen?« Da antwortet der Alte: »Der Wolf, den ich füttere.«

Märchen der Indianer aus Nordamerika

Im Tempel
der tausend Spiegel*

Vor langer, langer Zeit stand hoch oben auf einem Berg, der aus dem Urwald ragte, ein geheimnisvoller Tempel, der Tempel der tausend Spiegel. Eines Tages verirrte sich ein Hund dorthin. Als er den Saal der tausend Spiegel betrat, sahen ihm aus tausend Spiegeln tausend Hunde entgegen, und er bekam Angst, sträubte das Nackenfell, zog den Schwanz ein, fletschte die Zähne und knurrte. Und tausend Hunde sträubten das Nackenfell, zogen die Schwänze ein, fletschten die Zähne und knurrten zurück. Da erschrak der Hund noch mehr, rannte aus dem Tempel und glaubte fortan, die ganze Welt sei voller bedrohlicher, feindlich gesinnter knurrender Hunde, die ihm Böses wollten. Und nie wieder betrat er auch nur die Nähe des Tempels der tausend Spiegel.

Kurz darauf geriet wieder ein Hund dorthin, bestieg die Stufen und betrat den Tempel der tausend Spiegel. Als er in den Saal mit den tausend Spiegeln kam, sah auch er tausend andere Hunde. Und er freute sich und wedelte mit dem Schwanz, sprang fröhlich umher und forderte die Hunde zum Spielen auf. Und da freuten sich aus tausend Spiegeln tausend Hunde zurück und wedelten mit dem Schwanz, sprangen fröhlich umher und wollten mit ihm spielen. Und als er dort im Tempel der tausend Spiegel eine ganze Weile fröhlich umhergetollt war, ging er, beseelt von der Überzeugung: »Wie ist die Welt doch schön, voller glücklicher, fröhlicher Hunde!« Und von nun an kam er jeden Tag in den Tempel der tausend Spiegel.

Märchen aus Indien

Prinzessin Mäusehaut

Ein König hatte drei Töchter; da wollte er wissen, welche ihn am liebsten hätte, ließ sie vor sich kommen und fragte sie. Die Älteste sprach, sie habe ihn lieber als das ganze Königreich; die Zweite, als alle Edelsteine und Perlen auf der Welt; die Dritte aber sagte, sie habe ihn lieber als das Salz.

Der König ward aufgebracht, dass sie ihre Liebe zu ihm mit einer so geringen Sache vergleiche, übergab sie einem Diener und befahl, er solle sie in den Wald führen und töten. Wie sie in den Wald gekommen waren, bat die Prinzessin den Diener um ihr Leben; dieser war ihr treu und würde sie doch nicht getötet haben; er sagte auch, er wolle mit ihr gehen und ganz nach ihren Befehlen tun. Die Prinzessin verlangte aber nichts als ein Kleid von Mausehaut; und als er ihr das geholt, wickelte sie sich hinein und ging fort.

Sie ging geradezu an den Hof eines benachbarten Königs, gab sich für einen Mann aus und bat den König, dass er sie in seine Dienste nehme. Der König sagte es zu, und sie solle bei ihm die Aufwartung haben: Abends musste sie ihm die Stiefel ausziehen, die warf er ihr allemal an den Kopf. Einmal fragte er, woher sie sei. »Aus dem Lande, wo man den Leuten die Stiefel nicht um den Kopf wirft.« Der König ward da aufmerksam. Endlich brachten ihm die andern Diener einen Ring; Mausehaut habe ihn verloren, der sei zu kostbar, den müsse er gestohlen haben. Der König ließ Mausehaut vor sich kommen und fragte, woher der Ring sei. Da konnte sich Mausehaut nicht länger verbergen; sie wickelte sich von der Mausehaut los, ihre goldgelben Haare quollen hervor, und sie trat heraus: So schön, aber auch so schön, dass der König gleich die Krone von seinem Kopf abnahm und ihr aufsetzte, und sie für seine Gemahlin erklärte.

Zu der Hochzeit wurde auch der Vater der Mausehaut eingeladen; der glaubte, seine Tochter sei schon längst tot und erkannte sie nicht wieder. Auf der Tafel aber waren alle Speisen, die ihm vorgesetzt wurden, ungesalzen. Da ward er ärgerlich und sagte: »Ich will lieber nicht leben als solche Speise essen!« Wie er das Wort ausgesagt, sprach die Königin zu ihm: »Jetzt wollt Ihr nicht leben ohne Salz, und doch habt Ihr mich einmal wollen töten lassen, weil ich sagte, ich hätte Euch lieber als Salz!« Da erkannte er seine Tochter und küsste sie und bat sie um Verzeihung. Und es war ihm lieber als sein Königreich und alle Edelsteine der Welt, dass er sie wiedergefunden.

Märchen der Brüder Grimm

Der arme Schuster

Es war einmal ein armer Schuster, der hatte eine Frau und viele, viele Kinder, die mussten in Lumpen herumlaufen. Er arbeitete hart den ganzen Tag. Abends aber aßen sie in Ruhe und Frieden ihr Abendbrot, und dann griff der Schuster zu seiner Gitarre und sang, und die Kinder sangen und tanzten, dass es eine Freude war.

Nebenan nun wohnte ein reicher Nachbar. Der wollte dem Armen etwas Gutes tun, und so ging er am Abend zum Schuster, gab ihm einen Sack voll Geld und sagte: »Mit diesem Geld sollst du einen Handel eröffnen. Wenn du reich wirst, gibst du es mir zurück; wenn nicht, so sei es dir geschenkt.«

Der Schuster freute sich über die Maßen und dankte dem Nachbarn. Dann zog er sich in eine Ecke zurück und fing an, das Geld zu zählen. Aber weil die Kinder immerzu lärmten und umhersprangen, verzählte er sich immer wieder, und da riss ihm der Geduldsfaden, und er schlug die Kinder. Das war noch nie geschehen. An dem Abend blieb die Gitarre stumm.

Am andern Tag nun saß er da und sann darüber nach, was er mit dem vielen Geld anfangen sollte. Er grübelte und grübelte: »Soll ich ein Geschäft eröffnen? Oder ein besseres Haus kaufen? Eine neue Werkstatt wäre auch gut.« Der Abend kam, aber der Schuster grübelte weiter. Da sagte die Frau: »Wie wäre es, wenn wir etwas Land kaufen und Bauern werden?« Doch davon wollte er nichts wissen. Die Frau aber gab nicht nach: »Eigener Grund und Boden ist das Beste für uns, alles andere ist unsicher!«, und da fingen sie an zu streiten. An dem Abend kam ihm die Gitarre überhaupt nicht in den Sinn, auch nicht die Kinder. Lärm machten sie keinen mehr, aus Angst vor Schlägen, nur manchmal, da lachten sie, und dann schalt er sie. Und so blieben diesen Abend die Kinder und die Gitarre stumm. Frau und Kinder gingen traurig zu Bette. Der Schuster aber tat die ganze Nacht lang kein Auge zu.

Am dritten Tag sah der Nachbar früh am Morgen, wie der Schuster auf den Hof kam. Er hielt ihm den Beutel entgegen und sagte: »Hier! Ich will weder das Geld noch die Sorge darum!«

Und von dem Tag an spielte er wieder vergnügt die Gitarre. Und die Kinder sangen, tanzten und lachten, wie früher. Reich geworden sind sie wohl nicht. Oder doch? Was meint ihr?

Märchen aus Portugal

Zweimal Glück

Es waren einmal zwei Bauern. Davon war der eine reich und der andere arm, obwohl auch er fleißig war. Eines Nachts ging der Arme auf sein Feld, das neben den Feldern des Reichen lag. Da sah er, wie ein Fremder auf dem Feld des Reichen Roggen aussäte.

»Was machst du da?«, fragte der Arme. »Ich säe Roggen«, sagte der Fremde. Da bat ihn der Arme: »So säe doch auch einmal Roggen auf meinem Feld aus!« Der Fremde aber antwortete: »Nein, das geht nicht an. Ich säe hier, weil ich das Glück deines Nachbarn bin, ich bin *sein* Glück.« Da fragte der Arme: »Und wo ist *mein* Glück?« »Dein Glück schläft dort hinten, neben dem großen Stein!« Da ging der Arme zu dem Stein, sein Glück zu suchen. Und tatsächlich, da lag einer und schlief. »He, wach auf!«, rief der Arme, »steh auf und säe Roggen auf meinem Feld!« Der Schläfer aber blieb liegen und murmelte: »Hab keine Lust.« »Ja, aber warum nicht?«, fragte der Arme, »bist du denn nicht mein Glück?« »Oh doch.« »Ja, warum willst du dann nicht auf meinem Feld säen?«, fragte der Arme wieder. »Bin halt kein Bauernglück!«, sagte der neben dem Stein. Dann stand er auf und sah dem Armen genau ins Gesicht: »Werde Kaufmann!«, und ging fort.

Da verkaufte der Arme sein Feld, das Gerät und die Hütte und zog in die Stadt. Dort machte er einen Laden auf. Und sein Geschäft ging gut. Sehr gut sogar. Denn nun sorgte *sein* Glück für ihn.

Märchen aus Estland

Die Schuhe

$\mathcal{E}$s lebte einmal ein Mann, der hielt es zuhause nicht mehr aus. Jeden Tag ärgerte er sich über die laute Stimme seiner Frau, und kochen konnte sie auch nicht, entweder tat sie zu viel Salz an die Suppe oder zu wenig. Und dann die Kinder: Dreimal musste er seinen kleinen Sohn rufen, bis er endlich hörte, und in der Wiege schrie den ganzen Tag das Jüngste. Die Wohnung war ihm viel zu klein. »Anderswo kann es nur besser sein als zuhause«, dachte der Mann, und eines Tages ging er fort.

Es war heiß, und so war er bald müde vom Wandern und legte sich unter einen Baum in den Schatten. Damit er später, wenn er aufwachte, noch wusste, in welche Richtung er weiter wandern musste, stellte er die Schuhe mit der Spitze nach vorn an die Straße. Während er dort schlief, kam ein Bauer daher, der war unterwegs zum Feld und sah am Wegesrand die Schuhe stehen. Er nahm sie in die Hand und betrachtete sie kopfschüttelnd: »Wie kommen die denn hierher? Wem mögen sie gehören?« Dann stellte er die Schuhe wieder hin, jedoch anders herum, sodass sie zurück zeigten, und ging seines Weges.

Der Mann erwachte und ging in die Richtung, die ihm die Schuhe wiesen. Nach einer Weile dachte er: »Seltsam: Die Straße kommt mir bekannt vor.« Nun tauchte eine Stadt vor ihm auf, und er wunderte sich wieder, denn sie hatte große Ähnlichkeit mit seiner Heimatstadt. Er ging durch die Straßen und staunte, denn sie sahen aus wie daheim. Nun kam er in eine Straße, die glich seiner wie ein Ei dem anderen. Und das Haus dort, das hätte wirklich sein eigenes sein können. Ein kleiner Knabe spielte davor, der sah seinem Sohn so ähnlich, als wäre es sein Zwillingsbruder. Aus dem Haus drang das Geschrei eines Säuglings. Nun rief eine Frau mit schrecklich lauter Stimme nach dem Knaben, und erst beim dritten Mal hörte er endlich. »Ganz wie zuhause«, dachte der Mann, »anderswo ist es auch nicht besser, da kann ich genauso gut wieder nach Hause gehen.« Und er kehrte um.

Er kam wieder an den großen Baum, und weil er müde war, legte er sich hin. Zuvor zog er die Schuhe aus und stellte sie wieder als Wegweiser an die Straße. Unterdessen kam der Bauer vom Feld zurück. Kopfschüttelnd hob er sie hoch: »Nein, sowas, da stehen die Schuhe ja immer noch.« Dann stellte er sie hin, doch wie beim ersten Mal verkehrt herum.

Nach einer Weile erwachte der Mann und machte sich auf in die Richtung, die ihm die Schuhe wiesen; und so ging er, ohne es zu ahnen, denselben Weg zurück. Er hatte Hunger und freute sich schon auf das Abendessen, das ihn zuhause erwartete. Endlich sah er seine Heimatstadt vor sich liegen. Und als er zu seinem Haus kam, da war der Tisch schon gedeckt, und vom Herd stieg ihm ein köstlicher Duft in die Nase. Das Jüngste schlief friedlich in der Wiege. Die Frau rief gerade das Söhnchen zum Essen, und ihre Stimme war mit einem Mal gar nicht mehr so laut, und der Knabe kam schon beim dritten Mal angelaufen und kletterte ihm auf den Schoß. Der Mann ließ seinen Blick durch die Küche schweifen und dachte: »Klein ist sie, unsere Wohnung, aber heimelig.« Die Frau tat ihm Suppe auf, sie war nicht zu salzig und auch nicht zu wenig gesalzen, sie war gerade recht. Und zufrieden löffelte der Mann seine Suppe aus.

jüdisches Märchen

Die silberne Laute

$\mathcal{E}$s war einmal ein König, der liebte die Jagd. Noch mehr aber liebte er seinen Jagdfalken und den Knappen, der ihn betreute, denn er hatte keine Kinder. Eines Tages flog der Falke dem Knappen fort und ließ sich auf einem hohen Baum nieder. Der Knappe rief den Falken, doch der kam nicht. Da begann er, ihm nachzuklettern, doch der Falke flog weiter, immer weiter, und der Knappe folgte ihm. Endlich blieb der Falke auf einem hohen Turm sitzen. Da klopfte der Jüngling ans Tor. Ein schönes Mädchen schaute aus dem Fenster und fragte: »Wer da?« »Ich bin der Knappe des Königs. Sein Lieblingsfalke ist mir fortgeflogen, und nun sitzt er auf eurem Turm. Bitte lass mich ein, damit ich ihn fangen kann.« Doch das Mädchen erwiderte: »Das täte ich gern, aber ich darf nicht. Der Vater hat mir's verboten.« Der Knappe flehte: »Aber wenn ich den Falken nicht zurückbringe, wird der König böse auf mich sein!« Da öffnete ihm das Mädchen und führte ihn die Wendeltreppe hoch auf den Turm. Der Knappe schlich sich an den Falken heran, und da hatte er ihn. Er bedankte sich und kehrte zurück zum König. Doch das schöne Mädchen ging ihm nicht mehr aus dem Kopf, und so ging er jeden Abend zu dem Turm, stellte sich unter das Turmfenster und sang ihr die schönsten Lieder, die er kannte.

Nun geschah es aber, dass der König plötzlich krank wurde. Er folgte dem Rat seiner Ärzte und begab sich in sein Schloss in den Bergen, und der Knappe musste mitkommen. Da blieb das schöne Mädchen im Turme allein. Das Herz wurde ihr schwer, denn auch sie hatte den Jüngling liebgewonnen. Eines Nachts, als sie vor Kummer keinen Schlaf fand, irrte sie traurig im Turm umher; da kam sie im Keller an eine Tür, die sie noch nie zuvor bemerkt hatte. Das Mädchen fasste Mut und öffnete die Tür. Und da stand sie in einem prächtigen blauen Saal. Am Ende war eine Tür, die führte in einen zweiten Saal, der war rosenrot, und dahinter war ein dritter Saal, der war silberweiß und hatte in der Mitte einen Brunnen. Sie trat heran, und weil sie so traurig war, liefen ihr die Tränen über die Wangen und fielen in den Brunnen. Da erhob sich aus dem Wasser eine Frau in weißen Kleidern, in der Hand eine silberne Laute. Sie sprach: »Fürchte dich nicht, mein Kind. Ich weiß, du liebst den Knappen des Königs, und ich will dir helfen. Der König ist todkrank, und niemand weiß Rettung für ihn. Nimm diese Laute und geh damit ins Schloss in den Bergen, zum König. Wenn du ihm darauf vorspielst, so wird er genesen. Zur Belohnung wird er dir einen Wunsch freigeben. Dann sage, dass du den Knappen zum Gemahl wünschest.« Darauf gab sie ihr die Laute und war, noch ehe das Mädchen danken konnte, verschwunden.

Am andern Morgen nahm das Mädchen die silberne Laute und machte sich auf zum Schloss in den Bergen. Dort wollten die Wachen sie nicht einlassen, doch sie ließ sich nicht abweisen, und so ward sie schließlich vor den König geführt. Der lag matt und reglos in seinem Bette. Kaum aber schlug das Mädchen die Saiten der silbernen Laute an, öffnete er die Augen und verlangte Speis und Trank, und war schon bald gesund. Da ließ er das Mädchen rufen und sprach: »Mit deiner silbernen Laute hast du mir das Leben gerettet. Zum Dank will ich dir ein Geschenk machen. Sage, was du wünschest, und du sollst es haben: Willst du Gold? Willst du Edelsteine?«

Da sagte das Mädchen: »Ich möchte Euren Knappen haben, denn ich liebe ihn von ganzem Herzen!« »Nun, wenn er einverstanden ist, so sollst du ihn haben, und Gold und Edelsteine dazu, damit ihr ein gutes Auskommen habt!« Da rief der König den Knappen und noch am selbigen Tag begannen die Vorbereitungen zur Hochzeit. Zuerst aber ging das Mädchen an den Brunnen, dankte der weißen Frau und gab ihr die silberne Laute zurück. Zum Abschied sprach die weiße Frau: »Wenn du wieder in Not

geraten solltest, so komme nur zu mir, und ich will dir helfen.«
Doch die weiße Frau brauchte sie nicht wieder, denn das schöne
Mädchen und der Knappe lebten glücklich miteinander und in
Freuden.

Märchen aus Italien

Der tanzende Rabbi

Im kleinen Schtetl warteten die Menschen gespannt auf die Ankunft des Rabbis. Seit Wochen hatten sie nichts anderes mehr im Sinn, als eifrig darüber nachzudenken, welche Fragen sie dem weisen Mann stellen wollten. Endlich traf er ein. Da stand er nun im Bethaus vor ihnen. Der Rabbi schaute in die Runde, er sah in all die erwartungsvollen Gesichter – und schwieg.

Dann begann er zu summen, erst leise, dann immer lauter: »Mmh mh, mmh mh, mmh mh mh, mmh.« Und die Menschen fingen an mitzusummen: »Mmh mh, mmh mh, mmh mh mh, mmh.«

Dann begann der Rabbi zu singen: »Deih dei, deih dei, deih dei dei, deih.« Und die Menschen fingen an mitzusingen: »Deih dei, deih dei, deih dei dei, deih.«

Und dann begann er, sich hin und her zu wiegen, ein Wiegeschritt nach rechts, ein Wiegeschritt nach links, er hüpfte und drehte sich, einmal linksherum, einmal rechtsherum. Der Rabbi tanzte. Dann hakte er sich bei dem, der ihm am nächsten stand, unter und sie tanzten gemeinsam. Und die Menschen fingen an mitzutanzen. Und sie tanzten und tanzten und sangen und sangen und tanzten und tanzten.

Allmählich wurden die Füße müde, und der Gesang ebbte ab. Ruhe und Frieden erfüllten den Raum. Da sprach der Rabbi, und es waren die einzigen Worte an diesem Abend: »Meine Lieben, ich freue mich, dass ich all eure Fragen beantworten konnte.«

Märchen der chassidischen Juden aus Osteuropa

Anansi und die Weisheit der Welt*

Der Spinnenmann Anansi** wollte gerne weise sein, so weise wie niemand sonst auf der Welt. Da entschloss er sich, die Weisheit der ganzen Welt einzusammeln. Er nahm einen ausgehöhlten Kürbis und zog in die Welt hinaus. Und wenn er irgendwo ein wenig Weisheit fand, legte er sie in seine Kalebasse, dann deckte er sie schnell wieder zu, damit ihm nichts von der Weisheit verloren ginge. Jahrein, jahraus wanderte Anansi, von Dorf zu Dorf, von Haus zu Haus. Manche teilten ihre Weisheit freigebig mit ihm, anderen musste er dafür zahlen. Manchmal nahm er die Weisheit heimlich, manchmal ergaunerte er sie sich auch. Lange zog Anansi so durch die Welt, sammelte Weisheit und hortete sie in seiner Kalebasse. Und eines Tages war sie voll. »Jetzt habe ich alle Weisheit der Welt für mich«, dachte Anansi und machte sich zufrieden auf den Heimweg.

Doch dann begann er, sich Sorgen zu machen: »Ich muss achtgeben, dass mir keiner etwas wegnimmt! Ich muss ein gutes Versteck dafür finden, dann bin ich für immer der Weiseste der Welt.« Er war kurz vor seinem Dorf angelangt, da kam er an einen hohen Baum, und er dachte: »Da oben in der Baumkrone ist ein gutes Versteck, da kommt keiner hin, nur ein Spinnenmann kann so hoch klettern.« Doch wie sollte er die schwere Kalebasse da hinaufbringen? Da nahm er ein Tuch, band sie damit vor den Bauch und begann zu klettern, doch die Kalebasse war dabei hinderlich: War ein Ast im Weg, konnte er nicht ausweichen, wollte er zum nächsten Ast hochspringen, zog sie ihn nach unten; kaum war er ein Stück hochgeklettert,

---

** eine Gottheit westafrikanischer Mythen, für Schabernack und Gaunereien bekannt, aber auch Mittler zwischen Himmel und Erde

rutschte er wieder herunter. Er versuchte es wieder und wieder, doch ohne Erfolg.

Da kam sein kleiner Sohn des Weges und sah, wie er sich vergeblich abmühte. Der Kleine sah eine Weile zu, dann sagte er: »Vater, binde dir die Kalebasse doch auf den Rücken, da ist sie dir nicht im Weg.« Anansi wandte sich um, schaute auf seinen Sohn herab, schaute auf die Kalebasse, dann sagte er: »Du hast recht, so könnte es gelingen«, und band sich die Kalebasse auf den Rücken. Und so kletterte er ohne Mühe in den Wipfel des Baumes. Oben angekommen, wollte er nach einem guten Versteck für die Kalebasse Ausschau halten. Doch er hielt inne. Dann rief er zu seinem Sohn herunter: »Weißt du, Sohn, jetzt bin ich so lange umhergewandert und habe mühsam die Weisheit der ganzen Welt gesammelt, und da komme ich nach Hause und merke: Mein kleiner Sohn ist weiser als ich! Wozu soll ich da die Kalebasse verstecken!« Und dann öffnete er die Kalebasse und die ganze Weisheit strömte heraus und verbreitete sich in alle Himmelsrichtungen über die ganze Welt.

Wer weiß, vielleicht findest auch du einmal etwas davon.

Märchen aus Westafrika

Der süße Brei*

Es war einmal ein armes, frommes Mädchen, das lebte mit seiner Mutter allein, und sie hatten nichts mehr zu essen. Da ging das Kind hinaus in den Wald, und begegnete ihm da eine alte Frau, die wusste seinen Jammer schon und schenkte ihm ein Töpfchen, zu dem sollt es sagen: »Töpfchen, koche«, so kochte es guten, süßen Hirsebrei, und wenn es sagte: »Töpfchen, steh«, so hörte es wieder auf zu kochen. Das Mädchen brachte den Topf seiner Mutter heim, und nun waren sie ihrer Armut und ihres Hungers ledig und aßen süßen Brei, sooft sie wollten.

Auf eine Zeit war das Mädchen ausgegangen, da sprach die Mutter: »Töpfchen, koche«, da kocht es, und sie isst sich satt; nun will sie, dass das Töpfchen wieder aufhören soll, aber sie weiß das Wort nicht. Also kocht es fort, und der Brei steigt über den Rand hinaus und kocht immerzu, die Küche und das ganze Haus voll und das zweite Haus und dann die Straße, als wollt's die ganze Welt satt machen, und ist die größte Not, und kein Mensch weiß sich da zu helfen.

Endlich, wie nur noch ein einziges Haus übrig ist, da kommt das Kind heim und spricht nur: »Töpfchen, steh«, da steht es und hört auf zu kochen; und wer wieder in die Stadt wollte, der musste sich durchessen.

Märchen der Brüder Grimm

Die Scholle

Die Fische waren schon lange unzufrieden, dass keine Ordnung in ihrem Reich herrschte. Keiner kehrte sich an den andern, schwamm rechts und links, wie es ihm einfiel, fuhr zwischen denen durch, die zusammenbleiben wollten, oder sperrte ihnen den Weg, und der Stärkere gab dem Schwächeren einen Schlag mit dem Schwanz, dass er weit wegfuhr, oder er verschlang ihn ohne Weiteres. »Wie schön wäre es, wenn wir einen König hätten, der Recht und Gerechtigkeit bei uns übte«, sagten sie, und vereinigten sich, den zu ihrem Herren zu wählen, der am schnellsten die Fluten durchstreichen und dem Schwachen Hilfe bringen könnte.

Sie stellten sich also am Ufer in Reihe und Glied auf, und der Hecht gab mit dem Schwanz ein Zeichen, worauf sie alle zusammen aufbrachen. Wie ein Pfeil schoss der Hecht dahin, und mit ihm der Hering, der Gründling, der Barsch, die Karpfe, und wie sie alle heißen. Auch die Scholle schwamm mit und hoffte, das Ziel zu erreichen.

Auf einmal ertönte der Ruf »Der Hering ist vor! Der Hering ist vor«. »Wen is vör?«, schrie verdrießlich die platte missgünstige Scholle, die weit zurückgeblieben war, »wen is vör?« »Der Hering, der Hering«, war die Antwort. »De nackte Hiering?«, rief die Neidische, »de nackte Hiering?« Seit der Zeit steht der Scholle zur Strafe das Maul schief.

Märchen der Brüder Grimm

Der Weber
und sein Glück*

Es war einmal ein Teppichweber, der tat seine Arbeit langsam und sorgsam, und so webte er an einem Teppich ein ganzes Jahr. Dieser Teppich aber war so schön, dass er ihn stets für gutes Geld auf dem Markt verkaufte. Er musste jedoch drei Frauen damit ernähren: Mutter, Frau und Tochter, und so reichte das Geld nie aus, und er blieb arm. Der Weber aber trug es geduldig, denn er hatte Freude an seiner Arbeit.

Eines Tages jedoch ging sein Webstuhl entzwei, und er konnte nicht mehr weben. Für einen neuen Webstuhl fehlte ihm das Geld; er hatte nicht einmal genug, um den alten wiederherstellen zu lassen. Da seufzte er: »So werd' ich versuchen, selbst einen neuen Webstuhl zu bauen.« Also machte er sich auf die Suche nach geeignetem Holz; endlich fand er am Meeresstrand einen hohen Buchsbaum. »Das ist genau der rechte«, freute er sich und griff zum Beil, um den Baum zu fällen. Da hörte er eine Stimme: »Halte ein!« Der Weber ließ den Arm sinken und fragte: »Wer bist du?« »Ich bin der Geist des Waldes«, antwortete die Stimme, »dieser Baum ist mein Haus. Warum willst du ihn fällen?« Da erklärte der Weber: »Ich brauche Holz für einen neuen Webstuhl. Könntest du dir nicht einen anderen Baum nehmen?« Der Geist aber sagte: »Dieser Baum ist mein Haus, und ich lebe hier seit langer Zeit. Denn vom Meer her weht immer eine kühle Brise, selbst in der größten Hitze.« Der Weber fragte weiter: »Woher soll ich dann hartes Holz für einen neuen Webstuhl nehmen?« Da sprach der Geist: »Das kann ich dir nicht sagen. Aber wenn du meinen Baum verschonst, so will ich dir einen Wunsch gewähren.« »Also gut«, sagte da der Weber »aber ich muss mich erst mit meiner Mutter, meiner Frau und meiner Tochter darüber beraten.« »Dann geh«, sprach der Geist des Waldes und riet, »nur lass dich nicht verwirren!«

Der Weber kehrte in seine Hütte zurück und erzählte, was ihm begegnet war. Dann fragte er die Frauen, was er sich wünschen solle. Als Erste ergriff die Mutter das Wort: »Wünsche dir ein langes Leben in Gesundheit für uns alle. In meinem Alter weiß man: Nichts ist wünschenswerter, als lange gesund zu leben.« Da rief die Tochter: »Ach, zu was sind Gesundheit und ein langes Leben gut, wenn man in Armut lebt. Vater, wünsche dir, ein Maharadscha zu sein. Dann haben wir schöne Kleider und kostbaren Schmuck, und ich könnte den stattlichsten Jünglingen den Kopf verdreh'n.« Die Frau des Webers schüttelte den Kopf: »Nein, ein Maharadscha hat gewiss viele Pflichten und Sorgen. Wünsche dir lieber, dass der Geist uns jeden Tag solch einen Teppich macht, wie du ihn in einem Jahr fertigbringst. Dann sind wir reich und können uns kaufen, was das Herz begehrt.« Nachdenklich ging der Weber zum Meeresufer zurück. Was sollte er sich wünschen? Als er unter dem Buchsbaum stand, rief er: »Höre mich, Geist des Waldes, höre meinen Wunsch.« Der Geist ließ vernehmen: »Verlange von mir, was immer du willst!« Da sagte der Weber seinen Wunsch: »Bringe meinen alten Webstuhl in Ordnung!« Und der Geist des Waldes sagte: »So sei es.«

Der Weber kehrte in seine Hütte zurück. Da jammerten Mutter, Frau und Tochter um die Wette, und sie schimpften ihn einen rechten Dummkopf. Der Weber aber setzte sich an seinen Webstuhl, und er fing an zu weben. Er webte langsam, er webte sorgsam, er webte ein ganzes Jahr an einem Teppich. Und er hatte Freude an seiner Arbeit.

Märchen aus Indien

Die Wichtelmänner *

Es war ein Schuster ohne seine Schuld so arm geworden, dass ihm endlich nichts mehr übrigblieb als Leder zu einem einzigen Paar Schuhe. Nun schnitt er am Abend die Schuhe zu, die wollte er den nächsten Morgen in Arbeit nehmen; und weil er ein gutes Gewissen hatte, so legte er sich ruhig zu Bett, befahl sich dem lieben Gott und schlief ein. Morgens, nachdem er sein Gebet verrichtet hatte und sich zur Arbeit niedersetzen wollte, so standen die beiden Schuhe ganz fertig auf seinem Tisch.

Er verwunderte sich und wusste nicht, was er dazu sagen sollte. Er nahm die Schuhe in die Hand, um sie näher zu betrachten. Sie waren so sauber gearbeitet, dass kein Stich daran falsch war, gerade als wenn es ein Meisterstück sein sollte. Bald darauf trat auch schon ein Käufer ein, und weil ihm die Schuhe so gut gefielen, so bezahlte er mehr als gewöhnlich dafür, und der Schuster konnte von dem Geld Leder zu zwei Paar Schuhen erhandeln. Er schnitt sie abends zu und wollte den nächsten Morgen mit frischem Mut an die Arbeit gehen; aber er brauchte es nicht, denn als er aufstand, waren sie schon fertig; und es blieben auch nicht die Käufer aus, die ihm so viel Geld gaben, dass er Leder zu vier Paar Schuhen einkaufen konnte. Er fand früh morgens auch die vier Paar fertig; und so ging's immer fort: Was er abends zuschnitt, das war am Morgen verarbeitet, also dass er bald wieder sein ehrliches Auskommen hatte und endlich ein wohlhabender Mann ward.

Nun geschah es eines Abends, nicht lange vor Weihnachten, als der Mann wieder zugeschnitten hatte, dass er vor Schlafengehen zu seiner Frau sprach: »Wie wär's, wenn wir diese Nacht aufblieben, um zu sehen, wer uns solche hilfreiche Hand leistet?« Die Frau war's zufrieden und steckte ein Licht an; darauf verbargen sie sich in den Stubenecken, hinter den Kleidern, die da aufgehängt waren, und gaben acht. Als es Mitternacht war, da kamen zwei kleine niedliche nackte Männlein, setzten sich vor des Schusters Tisch, nahmen alle zugeschnittene Arbeit zu sich und fingen an, mit ihren Fingerlein so behend und schnell zu stechen, zu nähen, zu klopfen, dass der Schuster vor Verwunderung die Augen nicht abwenden konnte. Sie ließen nicht nach, bis alles zu Ende gebracht war und fertig auf dem Tische stand; dann sprangen sie schnell fort.

Am andern Morgen sprach die Frau: »Die kleinen Männer haben uns reich gemacht, wir müssten uns doch dankbar dafür bezeigen. Sie laufen so herum, haben nichts am Leib und müssen frieren. Weißt du was? Ich will Hemdlein, Rock, Wams und Höslein für sie nähen, auch jedem ein Paar Strümpfe stricken; mach du jedem ein Paar Schühlein dazu.« Der Mann sprach: »Das bin ich wohl zufrieden«, und abends, wie sie alles fertig hatten, legten sie die Geschenke statt der zugeschnittenen Arbeit zusammen auf den Tisch und versteckten sich dann, um mit anzusehen, wie sich die Männlein dazu anstellen würden. Um Mitternacht kamen sie herangesprungen und wollten sich gleich an die Arbeit machen; als sie aber kein zugeschnittenes Leder, sondern die niedlichen Kleidungsstücke fanden, verwunderten sie sich erst, dann aber bezeigten sie eine gewaltige Freude. Mit der größten Geschwindigkeit zogen sie sich an, strichen die schönen Kleider am Leib und sangen:

> »Sind wir nicht Knaben glatt und fein?
> Was sollen wir länger Schuster sein!«

Dann hüpften und tanzten sie, und sprangen über Stühle und Bänke. Endlich tanzten sie zur Türe hinaus. Von nun an kamen sie nicht wieder; dem Schuster aber ging es wohl, so lang er lebte; und es glückte ihm alles, was er unternahm.

Märchen der Brüder Grimm

Die drei kleinen Hühnchen *

Es waren einmal drei kleine Hühnchen: ein weißes, ein schwarzes und ein rotes. Vater und Mutter setzten die drei vor die Türe. Da weinten sie eine Weile, doch dann sagten sie zueinander: »Was sollen wir machen? Lasst uns auf Abenteuer ausgehen.« Und sie zogen aus in die weite Welt. Wie sie eine Weile gewandert waren, kamen sie an einen großen Steinhaufen. Da sagten sie zueinander: »Wie wäre es, wenn wir mit den Steinen eine kleine Hütte bauen?« Und sie machten sich an die Arbeit. Als die Hütte fertig war, sagte das rote Hühnchen, das war das Schlauste: »Ich will sehen, ob die Türe gut schließt«, und ging hinein und schloss sich ein, und dabei blieb es; es machte die Tür nicht mehr auf, so sehr die beiden auch baten und bettelten. Als das schwarze und das weiße Hühnchen sahen, dass auf Barmherzigkeit nicht zu hoffen sei, zogen sie weiter.

Nach einer Weile fanden die beiden einen anderen Steinhaufen und sagten zueinander: »Wie wäre es, wenn wir mit den Steinen eine kleine Hütte bauen?« Und sie machten sich an die Arbeit. Als die Hütte fertig war, sagte das schwarze Hühnchen: »Ich will sehen, ob die Türe gut schließt«, und ging hinein und schloss sich ein, und dabei blieb es; es machte die Tür nicht mehr auf, so sehr das weiße Hühnchen auch bat und bettelte. Da ging das arme weiße Hühnchen unter Tränen davon. Doch nirgends fand es etwas, und es wurde schon dunkel. Da hielt es inne und weinte: »Ach, was soll nur aus mir werden?« Und in dem Augenblick sah es eine schöne Frau, die sprach zu ihm: »Warum weinst du, liebes kleines Hühnchen?« Das kleine Hühnchen erzählte, was geschehen war. Da sprach die schöne Frau: »Weine nicht mehr, du sollst ein schöneres Haus als deine Schwestern bekommen. Aber merke dir gut, was ich dir sage, und nimm dich in Acht: Wenn jemand an deine Türe klopft, so darfst du nicht öffnen, denn es könnte der Wolf sein, der dich fressen will.« Mit diesen Worten verschwand die schöne Frau. An ihrer Stelle aber stand ein schönes Schloss. Das kleine weiße Hühnchen ging hinein.

Unterdessen klopfte es an der Hütte des roten Hühnchens. Es war der Wolf, der rief: »Kleines Hühnchen, mach mir auf!« Das rote Hühnchen antwortete: »Nein, nein, nein, du bist der Wolf, du willst mich fressen!« Da sagte der Wolf: »Ich werde trampeln und trampeln, bis deine Hütte einbricht!« Das rote Hühnchen erwiderte: »Du magst trampeln und trampeln, meine Hütte wird nicht einbrechen!« Der Wolf trampelte und trampelte, die Hütte brach ein und er fraß es.

Dann ging der Wolf zur Hütte des schwarzen Hühnchens und rief: »Kleines Hühnchen, mach mir auf!« »Nein, nein, nein, du bist der Wolf, du willst mich fressen!« »Ich werde trampeln und trampeln, bis deine Hütte einbricht!« »Du magst trampeln und trampeln, meine Hütte wird nicht einbrechen.« Der Wolf trampelte und trampelte, die Hütte brach ein und er fraß es.

Nun ging der Wolf zum Schloss des kleinen weißen Hühnchens und rief: »Kleines Hühnchen, mach mir auf!« »Nein, nein, nein, du bist der Wolf, du willst mich fressen!« »Ich werde trampeln und trampeln, bis dein Schloss einbricht!« »Du magst trampeln und trampeln, mein Schloss wird nicht einbrechen.« Der Wolf trampelte und trampelte, aber das Schloss, das brach nicht ein und der Wolf trampelte, bis er tot umfiel.

Kikeriki, mein Märchen ist aus!

Märchen aus Frankreich

Die Bienenkönigin *

Zwei Königssöhne gingen einmal auf Abenteuer und gerieten in ein wildes, wüstes Leben, sodass sie gar nicht wieder nach Haus kamen. Der Jüngste, welcher der Dummling hieß, machte sich auf und suchte seine Brüder; aber wie er sie endlich fand, verspotteten sie ihn, dass er mit seiner Einfalt sich durch die Welt schlagen wollte, und sie zwei könnten nicht durchkommen, und wären doch viel klüger.

Sie zogen alle drei miteinander fort und kamen an einen Ameisenhaufen. Die zwei Ältesten wollten ihn aufwühlen und sehen, wie die kleinen Ameisen in der Angst herumkröchen und ihre Eier forttrügen, aber der Dummling sagte: »Lasst die Tiere in Frieden; ich leid's nicht, dass ihr sie stört.« Da gingen sie weiter und kamen an einen See, auf dem schwammen viele, viele Enten. Die zwei Brüder wollten ein paar fangen und braten, aber der Dummling ließ es nicht zu, und sprach: »Lasst die Tiere in Frieden; ich leid's nicht, dass ihr sie tötet.« Endlich kamen sie an ein Bienennest, darin war so viel Honig, dass er am Stamm herunterlief. Die zwei wollten Feuer unter den Baum legen und die Bienen ersticken, damit sie den Honig wegnehmen könnten. Der Dummling hielt sie aber wieder ab und sprach: »Lasst die Tiere in Frieden; ich leid's nicht, dass ihr sie verbrennt.« Endlich kamen die drei Brüder in ein Schloss, wo in den Ställen lauter steinerne Pferde standen, auch war kein Mensch zu sehen; und sie gingen durch alle Säle, bis sie vor eine Tür ganz am Ende kamen, davor hingen drei Schlösser; es war aber mitten in der Türe ein Lädlein, dadurch konnte man in die Stube sehen. Da sahen sie ein graues Männchen, das an einem Tisch saß. Sie riefen es an, einmal, zweimal, aber es hörte nicht; endlich riefen sie zum dritten Mal, da stand es auf, öffnete die Schlösser und kam heraus. Er sprach aber kein Wort, sondern führte sie zu einem reich besetzten Tisch; und als sie gegessen und getrunken hatten, brachte es einen jeglichen in sein eigenes Schlafgemach.

Am andern Morgen kam das graue Männchen zu dem Ältesten, winkte und leitete ihn zu einer steinernen Tafel, darauf standen drei Aufgaben geschrieben, wodurch das Schloss erlöst werden könnte. Die erste war: In dem Wald unter dem Moos lagen die Perlen der Königstochter, tausend an der Zahl, die mussten aufgesucht werden, und wenn vor Sonnenuntergang noch eine einzige fehlte, so ward der, welcher gesucht hatte, zu Stein. Der Älteste ging hin und suchte den ganzen Tag; als aber der Tag zu Ende war, hatte er erst hundert gefunden. Es geschah wie auf der Tafel stand, er ward in Stein verwandelt. Am folgenden Tag unternahm der zweite Bruder das Abenteuer; es ging ihm aber nicht viel besser als dem Ältesten; er fand nicht mehr als zweihundert Perlen und ward zu Stein. Endlich kam auch an den Dummling die Reihe, der suchte im Moos, es war aber so schwer, die Perlen zu finden und ging so langsam. Da setzte er sich auf einen Stein und weinte. Und wie er so saß, kam der Ameisenkönig, dem er einmal das Leben erhalten hatte, mit fünftausend Ameisen, und es währte gar nicht lange, so hatten die kleinen Tiere die Perlen miteinander gefunden und auf einen Haufen getragen.

Die zweite Aufgabe aber war, den Schlüssel zu der Schlafkammer der Königstochter aus der See zu holen. Wie der Dummling zur See kam, schwammen die Enten, die er einmal gerettet hatte, heran, tauchten unter, und holten den Schlüssel aus der Tiefe. Die dritte Aufgabe aber war die schwerste: Aus den drei schlafenden Töchtern des Königs sollte die Jüngste und die Liebste herausgesucht werden. Sie glichen sich aber vollkommen und waren durch nichts verschieden, als dass sie, bevor sie eingeschlafen waren, verschiedene Süßigkeiten gegessen hatten: die Älteste ein Stück Zucker, die Zweite ein wenig Sirup, die Jüngste einen Löffel voll Honig. Da kam die Bienenkönigin von den Bienen, die der Dummling vor dem Feuer geschützt hatte, und versuchte den

Mund von allen dreien; zuletzt blieb sie auf dem Mund sitzen, der Honig gegessen hatte, und so erkannte der Königssohn die Rechte.

Da war der Zauber vorbei, alles war aus dem Schlaf erlöst, und wer von Stein war, erhielt seine menschliche Gestalt wieder. Und der Dummling vermählte sich mit der Jüngsten und Liebsten, und ward König nach ihres Vaters Tod; seine zwei Brüder aber erhielten die beiden andern Schwestern.

Märchen der Brüder Grimm

Lohn der Ehrlichkeit

Es war einmal ein armer Bauer, der hatte eines Tages einen wunderbaren Traum: Ein Engel erschien ihm und verkündete, es werde Gold vom Himmel fallen, und all das Gold sei für ihn bestimmt. Von da an dachte der arme Bauer immer wieder an den Traum und hoffte, dass er sich eines Tages erfüllen möge. Eines Tages ging er in den Wald, um Holz zu sammeln. Er kam nur schwer vorwärts, denn der Boden war vom vielen Regen aufgeweicht. Mit jedem Schritt sank er ein und geriet schließlich so tief in den Morast, dass sein Schuh steckenblieb. Er versuchte, den Schuh wieder auszugraben, und da stieß er plötzlich auf etwas Hartes. Er grub weiter und fand einen Topf. Und als er ihn öffnete, da war er bis oben hin gefüllt mit Goldmünzen.

Der arme Bauer freute sich unbändig über diesen Schatz. Dann aber kam ihm in den Sinn: »Diesen Schatz hat hier irgendjemand versteckt. Und eines Tages wird er kommen, und ihn wieder ausgraben wollen.« Und dann fasste er den Entschluss: »Ich werde ihn wieder eingraben, damit der Eigentümer seinen Schatz wiederfindet.« Und der ehrliche Mann grub den Topf wieder ein.

Als er nach getaner Arbeit nach Hause kam, erzählte er seiner Frau von seinem Erlebnis im Wald. Sie aber schalt: »Begreifst du nicht? Das war das Gold aus deinem Traum, das für dich bestimmt war! Und du gräbst es einfach wieder ein! Du Narr!« Der Mann aber war immer noch überzeugt, dass er recht getan hatte. Und so sagte er zu seiner Frau: »Lass gut sein. Eines Tages wird für mich Gold vom Himmel fallen, ohne dass ich es jemandem stehlen muss. Du wirst sehen.«

Ihr Gespräch aber hatte der Nachbar belauscht. Schnell schlich er sich in den Wald, immer den Spuren nach, fand die Stelle und grub den Topf wieder aus. Gierig öffnete er den Deckel und steckte die Hand hinein, zuckte aber augenblicklich zurück: Der Topf war randvoll mit Spinnen und Skorpionen, die ihn bissen. Er schrie und ließ vor Schreck den Topf fallen. Dann setzte er schnell den Deckel drauf und dachte: »Was für ein Schwindel! Der wollte mich wohl reinlegen! Na warte ...« Da hob er den Topf auf und trug ihn nach Hause. Dann wartete er, bis alles schlief, und stieg aufs Dach des armen Bauern. Dort machte er einen Dachziegel los, direkt über der Schlafkammer, und entleerte den Topf. Dann schlich er sich, zufrieden mit seiner Schandtat, zurück.

Am nächsten Morgen, als der arme Bauer aufwachte und die Augen öffnete, kniff er sie schnell wieder zu. Vorsichtig blinzelte er: Das Bett war voller Goldstücke! »Schau nur, schau!«, rief er und rüttelte seine Frau wach, »Gold! Ich wusste, dass es eines Tages passieren wird. Nun ist es also vom Himmel gefallen! Wie im Traum!«

Märchen aus China

Die Brüder Wang*

E in Vater hatte zwei Söhne: Der Ältere, Wang Tscheng, war ein schmucker Bursche, aber faul und böse. Der Jüngere, Wang Guee, hatte ein gutes Herz und war fleißig, aber es gab im ganzen Dorf wohl niemanden, der hässlicher aussah als er.

Eines Abends, als es schon dunkel wurde, kehrten die beiden von einem Besuch beim Oheim zurück. Ihr Weg führte an einer Höhle vorbei. Es hieß, dort wohne die Affenfee, die treibe mit den Menschen ihre Späße und zaubere ihnen lange Ohren, Krallen oder Hufe an. Da sagte Wang Tscheng: »In der Höhle sollen ungeheure Schätze liegen! Wie wäre es, wenn wir einmal hineingingen?« Die beiden krochen hinein. Plötzlich sagte Wang Tscheng: »Warte hier kurz auf mich, ich bin gleich zurück; mir sind unterwegs die Sachen aus dem Ranzen gefallen, die der Oheim uns mitgegeben hat; ich geh' sie rasch suchen.« Wang Guee wartete in der Höhle auf seinen Bruder. Da sah er mit einem Mal einen prächtigen Palast mit einem herrlichen Garten und einem klaren See.

»Komm nur«, sagte eine liebliche Stimme, »ich gebe dir einen Schatz«, und aus dem Palast trat die Affenfee. Doch Wang Guee antwortete: »Das geht nicht, ich warte hier auf meinen Bruder.« »Der ist schon längst daheim«, sagte die Affenfee, »er hat dich absichtlich zurückgelassen. So bade wenigstens im See und erfrische dich für den Heimweg.« Da sprang Wang Guee hinein, und als er nach einer Weile aus dem Wasser stieg, fühlte er sich leicht und froh. Er beugte sich über den Wasserspiegel, und da lächelte ihm das Antlitz eines schönen Jünglings entgegen. »Der See zeigt dein wahres Bild«, sagte die Affenfee und verschwand.

Daheim malte sich Wang Tscheng aus, was die Affenfee wohl mit seinem Bruder anstellen würde; da ging die Tür auf, und ein schöner Jüngling trat ein. »Warum hast du mich in der Höhle zurückgelassen, Bruder? Ich habe lange auf dich gewartet, doch dann hatte ich Sorge, dir sei etwas zugestoßen, und ich bin zurückgegangen.« Da erst erkannte Wang Tscheng in dem hübschen Jüngling seinen Bruder. Er dachte: »Warum hat gerade dieser Dummkopf solch ein Glück? Wäre ich doch nur selbst dortgeblieben, sicher wäre mir noch viel größeres Glück widerfahren.« Er ging zurück in die Höhle.

»Komm nur«, sagte eine liebliche Stimme, »ich erwarte dich bereits!«, und aus dem Palast trat die Affenfee. Wang Tscheng folgte ihr in den Palast und ließ sich bewirten. Dann sagte die Affenfee: »Möchtest du nicht im See baden und dich abkühlen? Du hast noch einen weiten Weg vor dir.« Darauf hatte Wang Tscheng nur gewartet. Rasch lief er zum See und sprang kopfüber hinein. Dann stieg er sogleich ans Ufer und beugte sich über den Wasserspiegel. Aus dem Wasser sah ihm eine abscheuliche Fratze entgegen. »Der See zeigt dein wahres Bild«, sagte die Affenfee und verschwand. Wang Tscheng schrie und jammerte, aber die Affenfee kam nicht wieder. Da ging er nach Hause zurück, und fortan hieß er im Dorf nur noch das Scheusal Wang.

Märchen aus China

Der Kranich*

Es lebte einst ein junger Student, der war so kunstfertig und klug, wie er arm war: Er wusste alle Gedenktage der alten Weisen und konnte wunderbar dichten und malen, doch seine Taschen waren immer leer. Am Abend ging er stets zu einem Gastwirt, der ein gutes Herz hatte, setzte sich in eine Ecke und begann zu dichten oder zu malen. Und der Wirt gab ihm jeden Tag eine Tasse Tee und ein paar Reste zu essen.

Eines Abends setzte sich der Student nicht wie sonst in die Ecke, sondern nahm seine Tusche, tauchte den Pinsel hinein und malte mit wenigen Strichen einen Kranich an die Wand. Der sah so lebendig aus, dass der Wirt und die Gäste verwundert meinten, er würde jeden Moment die Flügel ausbreiten und fortfliegen. Der Student wandte sich an den Wirt und sagte: »Guter Mann, heute ziehe ich fort. Ihr seid stets gut zu mir gewesen und habt Euch meiner erbarmt. Zum Dank habe ich Euch diesen Kranich gemalt. Ihr braucht nur dreimal in die Hände zu klatschen, dann schwebt der Kranich von der Wand und tanzt für Euch und Eure Gäste. Doch eines merkt Euch: Er kann jeden Tag nur einmal tanzen.« Dann klatsche der Student dreimal in die Hände und wirklich: Der Kranich breitete die Flügel aus, flog von der Wand und schwebte auf den Boden. Er wiegte und drehte, beugte und bog sich und vollführte einen sonderbar anmutigen Tanz, dass den Gästen das Herz im Leibe hüpfte. Als der Tanz zu Ende war, erhob sich der Kranich, und im nächsten Augenblick war er wieder an der Wand, regungslos wie zuvor. Die Gäste standen da mit offenen Mündern und staunten. Der Student lächelte, verbeugte sich und ging seiner Wege.

Für den Wirt brachen nun goldene Zeiten an. Die Gäste strömten nur so herbei, alle wollten den tanzenden Kranich sehen, und so hatte er kaum mehr ein freies Plätzchen im Wirtshaus.

Eines Tages kam ein reicher Mann, der war böse und habgierig. Als der Kranich seinen Tanz geendet hatte, sagte er: »Ich will ihn noch mal tanzen sehen.« »Werter Herr, glaubt mir: Das ist leider unmöglich«, sagte der Wirt. Der Reiche aber bestand darauf und sagte: »Keine Widerrede! Ich will, dass er noch mal tanzt!«, und dabei warf er einen Beutel voll Geld auf den Tisch. Was sollte der arme Wirt da machen? Zögernd klatschte er in die Hände. Und der Kranich rührte sich, stieg langsam mit hängendem Kopf herab und tanzte. Doch es war ein sonderbar trauriger Tanz – so traurig, dass den Gästen die Tränen in die Augen stiegen. Als der Tanz zu Ende war, ging die Tür auf und der Student trat ein. Wortlos setzte er seine Flöte an die Lippen und spielte; da schritt der Kranich auf ihn zu, der Student drehte sich um und ging fort, immer weiterspielend, und der Kranich folgte ihm. Keiner im Wirtshaus rührte sich, alle sahen den beiden nach, bis sie am Ende des Dorfes plötzlich verschwanden, als wären sie vom Erdboden verschluckt. Seit jener Zeit aber hat nie wieder jemand den Studenten und den Kranich gesehen.

Märchen aus China

Kännchenvoll*

Es war einmal eine arme Witwe, die hatte ihren letzten Groschen ausgegeben, davon hatte sie sich Essen gekauft. Als sie ihr karges Mahl verzehrt hatte, machte sie ihre Küche sauber und wusch das einzige Kännchen, das ihr geblieben war; das stellte sie draußen vor die Türe zum Trocknen. Dann setzte sie sich in die Küche und dachte: »Was soll nun aus mir werden?« Während sie so saß und nachsann, fing das Kännchen an zu rollen, und rollte so lange, bis es zum Schlachter kam. Da stand gerade eine Frau, die hatte Suppenfleisch gekauft und nichts dabei, wo sie es hineintun konnte. Sie sah das Kännchen und sagte: »Das kommt ja wie gerufen für mein Fleisch.« Doch sowie das Kännchen merkte, dass es gefüllt war, rollte es weg, und ehe es einer fassen konnte, war es den Leuten schon aus den Augen und rollte nach Hause zurück. Da bollerte es an die Tür. Die Witwe rief: »Wer ist da?« Das Kännchen antwortete: »Kännchenvoll! Fühl mal in mein Holle-bolle-Bäuchlein!« Die Frau öffnete die Tür und fand das herrliche Suppenfleisch.

Am nächsten Tag wusch sie das Kännchen und setzte es wieder nach draußen zum Trocknen. Und das Kännchen fing wieder an zu rollen, und rollte, bis es zum Krämer kam. Da war gerade ein Kunde, der Kaffee und Kandiszucker kaufte, und der Krämer tat es aus Versehen in das Kännchen. Es rollte rasch weg und machte, dass es nach Hause kam. Da bollerte es an die Tür. »Wer ist da?« »Kännchenvoll! Fühl mal in mein Holle-bolle-Bäuchlein!« Da fand die Frau den Kaffee, und Zucker gleich dazu.

Den andern Tag rollte das Kännchen zum Gemüsemarkt, und es dauerte nicht lange, da rollte es reich gefüllt nach Hause. Da bollerte es an die Tür. »Wer ist da?« »Kännchenvoll! Fühl mal in mein Holle-bolle-Bäuchlein!« Da fand die Frau das Kännchen voll grüner Bohnen.

Tags darauf setzte sie das Kännchen wieder vor die Türe zum Trocknen. Und jawohl, es fing wieder an zu rollen, und rollte zum Kuhmarkt. Da war gerade ein Bauer; der hatte seine Kuh verkauft und wusste nicht, wohin er sein Geld tun sollte. Wie er das Kännchen sah, dachte er: »Halt, da kann ich es fein hineintun!« Doch wie das Kännchen merkte, dass es voll war, rollte es weg, wieder nach Hause. Da bollerte es an die Tür. »Wer ist da?« »Kännchenvoll! Fühl mal in mein Holle-bolle-Bäuchlein!« Die Frau griff hinein und fand das viele Geld. Na, da hättet ihr mal die Freude der armen Frau sehen sollen!

Dann aber dachte sie bei sich: »Warum soll ich eigentlich bis morgen warten, das Kännchen wieder auszuschicken?«, und sie setzte es sogleich hinaus. Und wahrhaftig, das Kännchen fing wieder an zu rollen, wieder hin zum Kuhmarkt. Da blieb es stehen und wartete. Und wie es der Zufall wollte, stand da gerade eine Kuh, die ließ einen Kuhfladen fallen, geradewegs über dem Kännchen. Kaum merkte das Kännchen, dass es voll war, rollte es weg, wieder nach Hause. Da bollerte es an die Tür. »Wer ist da?« »Kännchenvoll! Fühl mal in mein Holle-bolle-Bäuchlein!« Die Frau dachte: »Was mag es wohl diesmal sein?«, und steckte gierig die Hand in das Kännchen. Wie sie aber merkte, was es war, wurde sie so giftig, dass sie das Kännchen auf die Straße warf, und da sprang es entzwei, und da hatte sie kein Kännchen mehr. Die Frau aber hatte nun Geld genug zum Leben, und wenn sie nicht gestorben ist, dann lebt sie noch heute.

Märchen aus Deutschland

Die Käsprobe

Es war einmal ein junger Hirt, der bekam Lust zu heiraten. Nun kannte er drei Schwestern, davon war eine so schön wie die andere, und sie waren ihm auch alle gleich gewogen, sodass er nicht mit sich einig werden konnte, welche er nun zu seiner Braut erwählen sollte. Da fragte er seine Mutter um Rat, die sprach: »Lade alle drei ein und setz ihnen Käs vor. Und dann gib acht, wie sie damit umgeh'n.« Der Sohn folgte ihrem Rat; er lud die Schwestern zu sich und tischte ihnen Käs auf. Die Erste aber verschlang gierig das ganze Käs-Stück samt der Rinde, sodass keine Spur davon übrigblieb. Die Zweite schnitt die Rinde wiederum so dick ab, dass noch viel Gutes daran war, was sie achtlos mit wegwarf. Die Dritte aber schälte die Rinde fein sauber ab, nicht zu viel und nicht zu wenig. Und als nun der Hirt seiner Mutter erzählte, wie es beim Käse hergegangen war, da sprach sie: »Die Dritte nimm, sie wird dir Glück bringen.« Das tat er und lebte zufrieden und glücklich mit ihr. Und es hat ihn sein Lebtag nicht gereut, dass er dem Rat seiner Mutter gefolgt war und die Schwestern auf die Käsprobe gestellt hat.

Märchen aus der Schweiz

Die Muschel des Überflusses

Früher, da gab es in der Nordsee noch nicht so viele Fische wie heute, und eines Tages war das Meer leer. Kein einziger Fisch mehr. Die Fischer hatten alle weggefangen. Was sollten sie bloß tun? Sie lebten doch alle vom Fischfang. Nun war da ein junger Fischer, der hieß Hans. Er konnte es nicht mit ansehen, dass alle hungerten, und so machte er sich auf und ging zum ältesten Fischer der Küste; der hatte viele Meere durchquert und war weit und breit bekannt für seine Weisheit. Hans fragte ihn: »Was muss ich tun, damit wieder Fische im Meer sind?« Da sagte der Alte: »Du kannst kaum etwas tun, nur die Königin der Meere. Sie allein gebietet über ihr Reich und die Tiere darin. Sie allein vermag es, uns Fische zu geben, sogar im Überfluss.« Da sagte Hans: »So will ich zu ihr gehen. Wie kann ich sie finden?« »Das ist schwer. Kühn musst du sein, durch Stürme und Wogen rudern, bis in die Mitte des Meeres. Dort kannst du sie rufen. Doch wenn du auch nur einen Augenblick bange bist, wird sie dein Rufen nicht erhören und dich ertrinken lassen. Also überleg' es dir gut, ob du dich auf den Weg machen willst!« Hans aber sagte: »Ich habe nichts zu verlieren«, dankte für den Rat und ging zu seinem Boot.

Er stieß es vom Ufer ab, schwang sich hinein und packte die Ruder. Und dann begann er zu rudern, immer weiter und weiter. Und immer höher und höher türmten sich die Wellen und warfen sein Boot hin und her, hoch auf die Schaumkronen der Wellenberge, tief hinunter in die Wellentäler. Aber Hans wurde nicht bange und ruderte unermüdlich weiter, einen ganzen Tag und eine ganze Nacht. Da besänftigten sich die Wellen, wurden kleiner und kleiner, und die See beruhigte sich, bis sie glatt wie ein Spiegel war. Da wusste Hans: »Nun bin ich in der Mitte des Meeres.«

Er zog die Ruder ein und rief: »Königin der Meere! Königin der Meere, zeige dich!« Da kräuselte sich das Meer und eine Meerfrau mit einer goldenen Krone tauchte auf, die Königin der Meere. Sie sprach: »Du bist mutig, Hans, und gibst nicht auf. Daher will ich dir einen Wunsch erfüllen.« Hans verneigte sich und sagte: »Königin, ich habe nur einen einzigen Wunsch: Schick uns Fische! Mach, dass wir wieder Fische fangen können, damit wir nicht mehr hungern müssen!« Da sprach die Königin: »Ich will deinen Wunsch erfüllen. Warte!« Sie tauchte in die Tiefe und kam bald darauf zurück; in ihrer Hand schimmerte eine große weiße Muschel. Die reichte sie Hans: »Ich schenke dir die Muschel des Überflusses. Wo sie ist, dorthin ziehen die Fische. Legst du sie in dein Netz, so fängst du alle Fische. Doch das sei dir nur dreimal erlaubt, dann wird die Muschel zerfallen.« Hans dankte der Königin der Meere. Er legte die Muschel auf den Boden des Bootes und ruderte Richtung Heimatküste.

»Jetzt könnte ich die Muschel ins Netz legen und alle Fische auf einmal fangen. Wenn ich die verkaufe, bin ich reich«, überlegte Hans, »aber dann ist das Meer leer, und ich müsste die Muschel wieder ins Netz legen, und beim dritten Mal zerfällt sie. Dann ist das Meer wieder ohne Fische, vielleicht für immer, und wir müssten alle hungern. Was also soll ich tun?« Als Hans die Heimatküste sehen konnte, fasste er einen Entschluss: »Die Muschel des Überflusses muss im Meer bleiben, dann wird sie die Fische zu uns locken.« Er nahm die Muschel und ließ sie ins Wasser gleiten. Sie sank in die Tiefe, und er sah ihr nach, bis ihr Perlmuttglanz im Dunkel des Meeres verschwand. Hans seufzte erleichtert und ruderte frohen Herzens der Küste zu.

Ja, und seitdem gibt es in der Nordsee immer Fische.

Märchen aus Deutschland

Drei Kostbarkeiten

*E*inst lebte ein Jüngling, der liebte ein junges Mädchen. Die beiden wollten heiraten. Als er vor ihre Eltern trat, gaben sie ihm drei Aufgaben: Er sollte einen goldenen Faden, eine goldene Nadel und eine goldene Perle beschaffen. Wenn er diese drei Kostbarkeiten bringe, so dürfe er die Tochter heiraten.

Der Jüngling hatte von einem heiligen Mann gehört, der oben auf einem hohen Berg wohne. Den wollte er um Rat fragen. Und so machte er sich auf den Weg.

Viele Tage war er unterwegs. Wenn er hungrig war, aß er trockene Reiskörner, wenn er durstig war, trank er aus einem Bach. Eines Abends fand er bei einer alten Frau Unterkunft für die Nacht. Sie fragte, warum er die lange Reise mache, und er erzählte ihr alles. Da klagte die Alte: »Meine Seidenraupen ernähren mich nicht länger, sie wollen keine Seide mehr spinnen. Wenn du den Heiligen findest, so frag ihn bitte um Rat.« Der Jüngling versprach es und zog am anderen Morgen weiter.

In einem Dorf sah er einen Bauern, der weinte ohne Unterlass. Der Jüngling fragte nach seinem Kummer. Da seufzte der Bauer: »Mein Ochse will plötzlich den Hals nicht mehr beugen, sodass ich nicht pflügen kann und mein Feld verwildert.« Der Jüngling tröstete den Bauern und sagte: »Ich suche einen Heiligen; wenn ich ihn finde, will ich ihn um Rat bitten.«

Endlich gelangte der Jüngling an den Fuß des Berges. Er begann mit dem Aufstieg. Auf halber Höhe stieß der Weg an einen Bergbach, der war so tief und breit, dass er nicht wusste, wie er hinüberkommen sollte. Da kam ein Jäger des Weges. Der Jüngling erzählte, dass er auf dem Weg zu einem Heiligen wäre, da bat der Jäger: »Mein Hahn hat aufgehört zu krähen. Bitte frag den Heiligen, was ich tun soll.« Dann gab er dem Jüngling seinen Falken, und der trug ihn hinüber zum anderen Ufer. Nun konnte der Jüngling auf den Gipfel des Berges klettern. Und dort, eingehüllt in weiße Wolken, fand er in einer Höhle den heiligen Mann.

Der Jüngling erzählte von den drei Kostbarkeiten, die er beschaffen sollte, und vom Kummer der Menschen, denen er unterwegs begegnet war. Da sprach der Heilige: »Nichts auf der Welt ist fertig und vollkommen, und so kann auch ich nur einen Teil deiner Fragen beantworten, für den anderen musst du selbst die Antwort finden. Du musst dich entscheiden: Entweder kannst du erfahren, wie du die drei Kostbarkeiten findest, oder was es mit dem Kummer der drei auf sich hat.« Der Jüngling war hin und her gerissen. Er wünschte sich sehnlich, die drei Kostbarkeiten zu finden, damit er seine Liebste heiraten konnte. Aber er dachte auch daran, wie traurig die Menschen waren, die er unterwegs getroffen hatte. Dann kam er zu dem Entschluss: »Ich habe ihnen versprochen zu helfen. Ich bin jung und stark und werde schon einen Weg finden, wie ich die drei Kostbarkeiten erlangen kann.« Also fragte er den Heiligen nach dem Kummer der anderen. Der Heilige gab ihm Antwort und unterwies ihn. Der Jüngling dankte und machte sich auf den Heimweg.

Am Bach wartete der Jäger mit dem Hahn auf ihn. Er half ihm auch wieder mit dem Falken über das Wasser. Der Jüngling sagte: »Dein Hahn kräht nicht mehr, weil ihm etwas in der Kehle steckt.« Als der Hahn das hörte, begann er zu husten, und da fiel eine goldene Perle heraus. Und sogleich fing er an zu krähen. Zum Dank schenkte der Jäger dem Jüngling die Perle. Als der Jüngling das Dorf erreichte, ging er zu dem Bauern und sagte: »Im Nacken deines Ochsen steckt etwas Spitzes, daher tut es ihm weh, wenn er sich bückt, um den Pflug zu ziehen.« Da fand der Bauer im Fell des Ochsen eine dünne goldene Nadel und zog sie heraus. Dann spannte er den Ochsen vor den Pflug, und der schritt fleißig voran. Der Bauer war froh und schenkte dem Jüngling die goldene Nadel. Schließlich kam der Jüngling zu der alten Frau und sagte: »Deine Seidenraupen liegen paarweise zusammen, deshalb sind sie faul und spinnen nicht mehr.« Da trennte die Alte ihre Raupen voneinander, und sie begannen sogleich, goldglänzende dünne Seidenfäden zu spinnen, und die Alte spann daraus goldenes Garn, das schenkte sie ihm.

Und so bekam der Jüngling alles, was er brauchte. Er kehrte mit den drei Kostbarkeiten in sein Dorf zurück, und es dauerte nicht lange, da hielten sie Hochzeit.

Märchen aus China

Der Kobold
und die Ameise*

Der Fuchs kam einst von einem Spaziergang heim und will gerade in seine Höhle schlüpfen, da sieht er dort einen Kobold sitzen, der will ihn nicht hineinlassen. Und kein Bitten und Betteln hilft: Der Fuchs muss draußen bleiben.

Da ging der Fuchs zum Bären und bat: »Ach, guter Bär, in meiner Höhle haust ein Kobold und will mich nicht hineinlassen. Ach, hilf mir doch, ihn zu vertreiben.« Der Bär tröstete den Fuchs und ging mit ihm zur Höhle, tap – tap – tap. Kaum aber sieht der Kobold sie kommen, da brüllt er auch schon: »Macht, dass ihr fortkommt, sonst fresse ich euch mit Haut und Haar!« Da trollte sich der Bär wieder, tap – tap – tap.

Nun ging der Fuchs zum Wolf und bat: »Ach, lieber Freund, komm und hilf mir doch, den Kobold aus meiner Höhle zu verjagen.« Da ging der Wolf mit zum Fuchsbau, tep – tep – tep. Kaum aber kommen sie in die Nähe der Höhle, da hören sie auch schon den Kobold schreien: »Schert euch fort oder ich fresse euch!« Da zog der Wolf den Schwanz ein, und auch er schlich wieder fort, tep – tep – tep.

Zu guter Letzt fand der Fuchs aber doch noch ein Tier, das ihm half – ein ganz kleines, eine Ameise.

Die schlüpfte leise, leise – trip, trip, trip – in die Höhle hinein und krabbelte leise, leise – trip, trip, trip – dem Kobold in den Bart. Und da fing sie an, ihn zu zwicken und zu zwacken, dass er gar nicht mehr stillsitzen konnte. Bis er es schließlich nicht mehr aushielt, aufsprang und halsüberkopf davonlief.

Und so konnte der Fuchs wieder in seine Höhle einziehen.

Märchen aus Graubünden, Schweiz

Das Kätzchen
und die Stricknadeln *

Es war einmal eine arme Frau, die ging in den Wald, um Holz zu lesen. Als sie mit dem Bündel auf dem Rücken heimging, sah sie ein krankes Kätzchen am Wegrand liegen, das schrie kläglich. Die Frau nahm es in ihre Schürze und trug es nach Hause. Ihre beiden Kinder wollten sogleich mit dem Kätzchen spielen. Die Frau aber legte es auf weiche Kleider und gab ihm Milch zu trinken. Als das Kätzchen sich gelabt hatte, sprang es auf und war gesund, und war mit einem Male verschwunden.

Nach einiger Zeit ging die arme Frau wieder in den Wald, um Holz zu holen, und als sie an die Stelle kam, wo das kranke Kätzchen gelegen hatte, stand dort eine schöne Frau, winkte sie zu sich und warf ihr fünf Stricknadeln in die Schürze. Am Abend wollte die arme Frau Strümpfe stricken, doch ihr fielen schon bald die Augen zu, und so legte sie die Nadeln auf den Tisch und ging zu Bett. Als sie am andern Morgen in die Stube trat, lag dort auf dem Tisch ein fertiges Paar feinste Strümpfe. Die Frau freute sich und gab die Strümpfe einem ihrer Kinder. Am Abend begann sie mit Strümpfen für das andere Kind, dann ging sie zu Bette. Doch als sie am andern Morgen erwachte, so fand sie auf dem Tisch wieder ein Paar feinste Strümpfe. Fortan strickten die fleißigen Nadeln jede Nacht, bis die Frau Socken für den ganzen Winter hatte. Die Nadeln aber strickten weiter, immer weiter. Da verkaufte die arme Frau die feinen Strümpfe, und so hatte ihre Not ein Ende, und sie konnte mit ihren Kindern ohne Sorgen leben.

Märchen aus Deutschland

Das Hirschlein
mit den Tupfen*

Das Hirschlein ging eines Tages durch den Wald und rupfte ein wenig Gras, da kam ihm mit einem Mal ein großer Tiger entgegen. Verzweifelt suchte das Hirschlein nach einer Lösung für seine missliche Lage: Was tun? Fortlaufen? Der große Tiger würde es ja doch einholen! Da nahm das Hirschlein all seinen Mut zusammen, und statt fortzulaufen, blieb es einfach stehen und rupfte weiter.

Der Tiger hielt verdutzt inne und dachte: »Was ist denn das für ein merkwürdiges Tier? Es scheint sich ja gar nicht vor mir zu fürchten!« Er sprach das Hirschlein an: »Guten Tag, gestatten, ich bin der Tiger. Sagt: Was seid Ihr für ein Tier? Und welch seltsame Greifer tragt Ihr da auf dem Kopfe?« Da entgegnete das Hirschlein listig: »Die habe ich, damit ich die Tiger besser zerreißen kann!«

Das gab dem Tiger zu denken, und besorgt fragte er weiter: »Und warum habt Ihr so viele weiße Flecken im Fell?« Das Hirschlein erklärte: »Solch einen Tupfer bekomme ich jedes Mal, wenn ich einen Tiger verspeise. Sieh nur, wie hübsch übersät mein Fellkleid damit ist; ich kann meine Tupfer schon gar nicht mehr zählen! Heut' hätt' ich grad Lust auf einen neuen Tupfer. Ich hab' noch genug Platz auf dem Pelz ...«

Als das der Tiger hörte, da drehte er um und rannte fort, so schnell er konnte, nur weg von diesem unheimlichen Tier.

Das sah der Fuchs, der des Weges kam, und fragte: »He, Tiger, was rennst du so?« Der Tiger blickte bange im Laufen zurück und blieb erst stehen, als er sah, dass er den Feind wohl abgeschüttelt hatte. Nach Luft japsend erzählte er von seiner sonderbaren Begegnung. Da lachte der Fuchs und sprach: »Ach, Tiger, dein schreckliches Ungetüm ist niemand anderes als der kleine Hirsch!

Der hat dich hübsch an der Nase herumgeführt. Komm, nimm mich auf deinen Rücken; wir gehen zusammen zurück, dann will ich dir's beweisen!«

Wie nun der Hirsch die beiden herankommen sah, ahnte er nichts Gutes. »Oh je, jetzt geht's mir an den Kragen!«, dachte er, »sicher hat der schlaue Fuchs alles durchschaut und dem Tiger gesteckt, wer ich wirklich bin.« Aber das Hirschlein schluckte rasch seine Angst hinunter und rief, so munter es ging: »Guten Tag, Gevatter Fuchs. Fein, dass du Wort hältst und mir, wie versprochen, einen Tiger gefangen hast! Da bringst du aber einen ganz feinen, großen! Na, den Braten wollen wir beide uns schmecken lassen!« Da brüllte der Tiger entsetzt: »Ach so ist das!«, warf den Fuchs ab und rannte davon. Das Hirschlein aber war zeitlebens sicher vor dem Tiger. Ob es wohl noch neue Tupfen bekommen hat? Wer weiß ...

Märchen aus China

Großmütterchen Immergrün *

Es war einmal eine kranke Mutter, die hatte Herzweh nach Erdbeeren. Und so schickte sie ihre beiden Kinder ins Holz, dass sie ihr welche suchten. Die beiden sammelten fleißig und aßen dabei keine einzige Erdbeere, so lieb hatten sie die Mutter. Als sie das Körbchen voll hatten, kam ein altes Mütterchen daher, das war ganz grün angezogen und sprach: »Ich bin hungrig und kann mich nicht mehr bücken, so alt bin ich; schenkt mir doch ein paar Erdbeeren.« Da erbarmten sie sich der alten Frau und schütteten ihr das ganze Körbchen in den Schoß. Als die Kinder forteilten, um neue zu pflücken, rief das Mütterchen sie zurück, nahm sie bei der Hand und sagte: »So nehmt die Erdbeeren nur wieder, ich werde schon selbst welche finden.«

Die Kinder dankten dem Mütterchen und eilten nach Hause. Als die Mutter die erste Erdbeere an die Lippen führte, da ward sie gesund. Und das hatte Großmütterchen Immergrün getan.

Märchen aus Deutschland

Der Krämer

$\mathcal{E}$s war einmal ein Krämer, der kam in eine Stadt und wollte dort übernachten. Nun war aber in dem Wirtshaus, wo er für gewöhnlich unterkam, schon alles voll. Der Wirt wollte seinen Stammgast nicht fortschicken, entschuldigte sich vielmals und sagte: »Guter Mann, ich weiß nicht, wo ich Euch hintun soll. Es ist nur noch ein Zimmer frei, aber das vergebe ich seit Jahren nicht mehr, denn dort spukt es nachts.« Der Krämer aber erwiderte: »Ach was, gebt mir ruhig das Zimmer! Wenn ich nur ein ordentliches Bett habe, weckt mich weder Geist noch Gespenst.«

Da ließ der Wirt rasch das Zimmer richten, und der Krämer setzte sich mit einem Wein in die Schenkstube und war guter Dinge. Als er schläfrig wurde, ging er auf sein Zimmer, legte sich ins Bett und schlief, weil er vom Reisen müde war, bald ein. Er mochte wohl zwei Stunden geschlafen haben, da wurde er jäh aus den Träumen gerissen, denn vor der Türe lärmte es gewaltig. Der Krämer richtete sich im Bette auf, schaute zur Tür und sah, wie sie sich trotz des vorgeschobenen Riegels langsam öffnete. Und herein trat ein uraltes Männlein, das hatte einen langen grauen Bart. Es ging zur Wand, zog einen Schlüssel aus der Tasche und öffnete damit einen verborgenen Wandkasten. Das Männlein griff hinein, holte Rasierzeug hervor, rieb Seife in die Wasserschale, und dann winkte es mit dem Schermesser in der Hand dem Krämer, er solle herkommen und sich in den Sessel setzen.

Nun gruselte es den Krämer doch ein wenig, aber er stieg aus dem Bette, zog die Hosen an und setzte sich, wie geheißen, in den Sessel. Das Männlein seifte des Krämers Bart ein, griff das Schermesser und rasierte ihn, dass auch kein einziges Härchen mehr am Kinn sitzen blieb. Dann packte es das Rasierzeug zusammen, blickte den Krämer traurig an und schickte sich an fortzugehen.

Der Krämer aber hatte seinen Mut wiedergefunden, und er sagte zum Männlein: »Nun bist du an der Reihe.« Da setzte sich das Männlein in den Sessel, und der Krämer seifte ihm den langen grauen Bart ein und rasierte das Männlein so glatt, dass kein einziges Härchen mehr am Kinn saß. Dann packte er das Rasierzeug zusammen und legte es auf den Tisch. Das Männlein lächelte froh und nickte dem Krämer zu, als ob es ihm danken wollte. Und mit einer feierlichen Verbeugung überreichte es ihm den Schlüssel zum Wandkasten. Dann huschte es fort. Der Krämer trat zum Wandkasten und öffnete ihn. Und als er hineinschaute, fand er dort einen riesig großen Schatz. Nun war er reich, und er wurde ein großer Kaufmann, wie man keinen zweiten im Lande fand.

Märchen aus Österreich

Der Fuchs
und das Pferd

Es hatte ein Bauer ein treues Pferd, das war alt geworden und konnte keine Dienste mehr tun; da wollte ihm sein Herr nichts mehr zu fressen geben und sprach: »Brauchen kann ich dich freilich nicht mehr, indes mein' ich es gut mit dir; zeigst du dich noch so stark, dass du mir einen Löwen hierher bringst, so will ich dich behalten, jetzt aber mach dich fort aus meinem Stall«, und jagte es damit ins weite Feld.

Das Pferd war traurig und ging nach dem Wald zu, dort ein wenig Schutz vor dem Wetter zu suchen. Da begegnete ihm der Fuchs und sprach: »Was hängst du so den Kopf und gehst so einsam herum?« »Ach«, antwortete das Pferd, »Geiz und Treue wohnen nicht beisammen in einem Haus: Mein Herr hat vergessen, was ich ihm für Dienste in so vielen Jahren geleistet habe; und weil ich nicht recht mehr ackern kann, will er mir kein Futter mehr geben und hat mich fortgejagt.« »Ohne allen Trost?«, fragte der Fuchs. »Der Trost war schlecht, er hat gesagt: Wenn ich noch so stark wäre, dass ich ihm einen Löwen brächte, wollt er mich behalten; aber er weiß wohl, dass ich das nicht vermag.«

Der Fuchs sprach: »Da will ich dir helfen; leg dich nur hin, strecke dich aus und rege dich nicht, als wärst du tot.« Das Pferd tat, was der Fuchs verlangte; der Fuchs aber ging zum Löwen, der seine Höhle nicht weit davon hatte, und sprach: »Da draußen liegt ein totes Pferd, komm doch mit hinaus, da kannst du eine fette Mahlzeit halten.« Der Löwe ging mit, und wie sie bei dem Pferd standen, sprach der Fuchs: »Hier hast du's doch nicht nach deiner Gemächlichkeit, weißt du was? Ich will's mit dem Schweif an dich binden, so kannst du's in deine Höhle ziehen und in aller Ruhe verzehren.«

Dem Löwen gefiel der Rat, er stellte sich hin, und damit ihm der Fuchs das Pferd festknüpfen könnte, hielt er ganz still. Der

Fuchs aber band mit des Pferdes Schweif dem Löwen die Beine zusammen und drehte und schnürte alles so wohl und stark, dass es mit keiner Kraft zu zerreißen war. Als er nun sein Werk vollendet hatte, klopfte er dem Pferd auf die Schulter und sprach: »Zieh, Schimmel, zieh.«

Da sprang das Pferd mit einmal auf und zog den Löwen mit sich fort. Der Löwe fing an zu brüllen, dass die Vögel in dem ganzen Wald vor Schrecken aufflogen; aber das Pferd ließ ihn brüllen, zog und schleppte ihn über das Feld vor seines Herrn Tür. Wie der Herr das sah, besann er sich eines Bessern und sprach zu dem Pferd: »Du sollst bei mir bleiben und es gut haben«, und gab ihm satt zu fressen, bis es starb.

Märchen der Brüder Grimm

Der Löwe
und die Maus*

Ein Löwe lag einst im Schatten eines Felsens und schlief. Da huschte eine Maus über den Felsen, rutschte ab und fiel dem Löwen geradewegs auf den Kopf. Der Löwe schreckte hoch. Er packte die Maus mit den Pranken, hob sie vors Maul und wollte sie fressen. Da flehte die Maus: »Halt, oh König der Tiere, verschone mich und lass mich am Leben. Satt kannst du ja doch nicht von mir werden.« Dann schwor sie feierlich: »Ich will dir's auch gewiss vergelten; solltest du einmal in Not geraten, so helfe ich dir!« Da lachte der Löwe: »Wie willst du Zwerg mir je nützlich sein? Aber nun gut, dein Leben sei dir gewährt«, und er ließ sie laufen.

Nun geschah es eines Tages, dass der Löwe in die Fänge des Jägers geriet. Gegen die Stricke aber war der Löwe ganz machtlos. Da hing er im Fangnetz und brüllte verzweifelt. Das aber hörte die Maus. Sie lief herbei und, ritze, ratze, nagte sie ein Loch ins Netz, sodass sich der Löwe befreien konnte. »Siehst du, oh König der Tiere«, sagte die Maus, »du hast mich damals ausgelacht, aber nun konnte ich dir doch meine Dankbarkeit erweisen.« So hat die kleine Maus dem König der Tiere das Leben gerettet.

Märchen aus Ägypten, Afrika, nach Aesop

Vom Mannl Spannelang*

Es war einmal ein armes Mädel, das hatte keine Mutter und keinen Vater mehr und niemanden, bei dem es bleiben konnte. Da ging es hinaus in die Welt und wollte sich eine Arbeit suchen. Es geriet in einen großen Wald und verlor den Weg und fand nicht mehr heraus. Das Mädel irrte herum, bis es dunkel wurde, da bekam es Angst. Endlich kam es an ein kleines Haus. Es klopfte und bat um ein Nachtlager, aber niemand antwortete. Da trat es ein, doch niemand war zu sehen. In dem Stübchen lag alles liederlich herum: Töpfe, Pfannen und Geschirr, und alles war winzig klein. Da machte sich das Mädel daran aufzuräumen. Und als alles sauber war, setzte es sich auf die Bank und wartete. Da tat sich die Türe auf, und ein winziges Mannl trat ein, nicht größer als eine Spanne. Es hatte einen langen, langen Bart, den zog es hinter sich her. Das Mannl besah sich die saubere Stube und sagte: »Hm, hm.« Als sein Blick auf das Mädel traf, rief es mit mächtiger Stimme:

> »Ich bin das Mannl Spannelang,
> hab einen Bart drei Ellen lang;
> Mädel: Was willste?«

Da bat das Mädel, ob es nicht über Nacht bleiben dürfe. Das Mannl sagte:

> »Ich bin das Mannl Spannelang,
> hab einen Bart drei Ellen lang;
> Mädel: Mach mir's Bett.«

Das Mädel ging in die Schlafkammer und richtete das Bett. Da sagte das Mannl wieder:

>»Ich bin das Mannl Spannelang,
hab einen Bart drei Ellen lang;
Mädel: Richt' mir ein Bad.«

Also machte das Mädel Feuer, setzte einen Topf mit Wasser auf und
holte die Wanne. Wie das Wasser warm war, füllte es die Wanne, setzte das Mannl hinein und badete es. Dann trocknete es das
Mannl sorgsam ab und legte es ins Bett. Dann sprach das Mädel:

>»Ach, liebes Mannl Spannelang,
dein alter Bart, der ist arg lang,
du stolperst noch darüber!«,

nahm flink die Schere, und schnipp, schnapp, war der Bart ab.
Da wurde das Mannl auf einmal größer und größer und immer
schöner, und sagte:

>»Ich war das Mannl Spannelang,
hatt' einen Bart drei Ellen lang;
Mädel: Du hast mich erlöst!«

Dann nahm es den alten Bart und reichte ihn dem Mädel:

>»Spinn' ihn daheim,
dein Glück soll es sein.«

Dann verschwand es mit einem Mal. Das Mädel legte sich schlafen,
nahm am andern Tag den Bart und machte sich auf den Heimweg,
und die Sonne wies ihm den Weg. Daheim tat es den Bart auf den
Rocken und fing sogleich an zu spinnen. Und da hat der Bart von
selbst immer weitergesponnen, und es wurde das herrlichste Garn
daraus, wie helles Gold. Und der Bart spann weiter und weiter
und wurde gar nicht weniger. Nun hatte die Not ein Ende, denn
das herrliche Garn wollten alle Leute haben, und so wurde das
Mädel reich davon. Es hat glücklich geheiratet, und wenn es nicht
gestorben ist, so lebt es heute noch.

Märchen aus Deutschland

Die weiße Taube*

Vor eines Königs Palast stand ein prächtiger Birnbaum, der trug jedes Jahr die schönsten Früchte, aber wenn sie reif waren, wurden sie in einer Nacht alle geholt, und kein Mensch wusste, wer es getan hatte. Der König aber hatte drei Söhne, davon ward der Jüngste für einfältig gehalten und hieß der Dummling. Da befahl er dem Ältesten, er solle ein Jahr lang alle Nacht unter dem Birnbaum wachen, damit der Dieb einmal entdeckt werde. Der tat das auch und wachte alle Nacht. Der Baum blühte und war ganz voll von Früchten; und wie sie anfingen, reif zu werden, wachte er noch fleißiger, und endlich waren sie ganz reif und sollten am andern Tage abgebrochen werden. In der letzten Nacht aber überfiel ihn ein Schlaf, und er schlief ein, und wie er aufwachte, waren alle Früchte fort und nur die Blätter noch übrig. Da befahl der König dem zweiten Sohn, ein Jahr zu wachen; dem ging es nicht besser als dem ersten. In der letzten Nacht konnte er sich des Schlafes gar nicht erwehren, und am Morgen waren die Birnen alle abgebrochen.

Endlich befahl der König dem Dummling, ein Jahr zu wachen. Darüber lachten alle, die an des Königs Hof waren. Der Dummling aber wachte, und in der letzten Nacht wehrt' er sich den Schlaf ab. Da sah er, wie eine weiße Taube geflogen kam, eine Birne nach der andern abpickte und forttrug. Und als sie mit der letzten fortflog, stand der Dummling auf und ging ihr nach. Die Taube flog aber auf einen hohen Berg und verschwand auf einmal in einem Felsenritz. Der Dummling sah sich um; da stand ein kleines graues Männchen neben ihm, zu dem sprach er: »Gott gesegne dich!« »Gott hat mich gesegnet in diesem Augenblick, durch diese deine Worte«, antwortete das Männchen, »denn sie haben mich erlöst; steig' du in den Felsen hinab, da wirst du dein Glück finden.«

Der Dummling trat in den Felsen; viele Stufen führten ihn hinunter, und wie er unten hinkam, sah er die weiße Taube, ganz von Spinnweben umstrickt und zugewebt. Wie sie ihn aber erblickte, brach sie hindurch, und als sie den letzten Faden zerrissen, stand eine schöne Prinzessin vor ihm, die hatte er auch erlöst, und sie ward seine Gemahlin und er ein reicher König und regierte sein Land mit Weisheit.

Märchen der Brüder Grimm

Das große Wasser *

$\mathcal{E}$s war einmal ein kleiner Knabe, der lebte allein mit seiner Mutter, die war Witwe. Eines Tages sprach er: »Alle anderen Kinder haben eine Großmutter, nur ich habe keine. Das macht mich traurig.« Die Mutter aber sagte: »Wir wollen dir eine Großmutter suchen.« Da kam eine alte Bettlerin an die Tür. Das Kind öffnete und sprach: »Du sollst meine Großmutter sein!« Und da holten sie die Alte ins Haus. Sie war aber ganz schmutzig, und so sagte das Kind: »Wir wollen die Großmutter waschen!« Da sahen sie, dass sie voller Läuse war. Die lasen sie allesamt ab und taten sie in einen Topf, da war er voll davon. Die Großmutter aber sprach: »Werft sie nicht weg; vergrabt sie im Garten und holt sie hervor, wenn das große Wasser kommt.« »Wann kommt denn das große Wasser?«, fragte das Kind. Da sagte die Großmutter: »Wenn die zwei steinernen Löwen vorm Gefängnis rote Augen haben, dann kommt das große Wasser.« Da lief das Kind zu den Löwen, doch ihre Augen waren noch nicht rot. Die Großmutter sprach: »Mache ein Schifflein aus Holz und verwahre es in einem Kästchen!« Das tat der Knabe und sah nun jeden Tag nach den Löwen.

Eines Tages fragte ihn der Hühnerschlächter, warum er immer zu den Löwen laufe. Da sagte der Knabe: »Wenn die Augen der Löwen rot sind, dann kommt das große Wasser.« Der Schlächter lachte ihn aus; und am andern Morgen nahm er etwas Hühnerblut und strich es den Löwen auf die Augen. Als nun der Knabe sah, dass die Augen rot waren, lief er rasch nach Haus und erzählte es. Da sprach die Großmutter: »Nun grabt den Topf aus und holt das Schifflein aus dem Kasten!« Als sie aber den Topf hervorholten, lagen lauter Perlen darin; und wie sie das Schifflein herausnahmen, da wurde es größer und größer. Die Großmutter sagte: »Steigt auf das Schiff und nehmt den Topf mit! Wenn das große Wasser kommt, so mögt ihr alle Tiere, die dahertreiben, retten. Die Menschen aber nicht!« Da stiegen sie aufs Schiff; die Großmutter aber war mit einem Male verschwunden.

Schon fielen die ersten Tropfen und wurden rasch zu einer riesigen Wasserflut, die alles überschwemmte. Ein Hund kam vorbeigetrieben, den retteten sie aufs Schiff, dann eine Mäusefamilie, eine Katze, einen Raben und einen Bienenschwarm. Schließlich trieb ein Mann auf den Wogen, und der Knabe sprach: »Mutter, den wollen wir auch retten!« Sie mahnte: »Großmutter hat gesagt, wir dürfen es nicht!« Doch der Knabe sprach: »Wir wollen es trotzdem tun. Ich kann es nicht mit ansehen, wie er im Wasser treibt.« Also retteten sie auch den Mann. Endlich verlief sich das Wasser wieder. Sie stiegen aus dem Schiff und verabschiedeten sich von dem Mann und den Tieren. Da wurde das Schiff wieder klein, und sie taten es zurück in das Kästchen.

Der Mann aber hatte die Perlen gesehen und gierte danach. Er ging zum Richter und verklagte den Knaben und die Mutter, sie hätten ihm die Perlen gestohlen, und sie wurden ins Gefängnis geworfen. Aber da kamen die Mäuse und nagten ein Loch in die Mauer, durch das schlüpfte der Hund herein und brachte ihnen Fleisch, und die Katze kam mit Brot, sodass sie keinen Hunger leiden mussten. Der Rabe aber flog fort und kam mit einem Brief im Schnabel wieder, der war aus den Oberen Himmeln, für den Richter. Und als der den Brief gelesen hatte, ließ er die beiden frei.

Sie zogen zurück in ihre Hütte. Der Knabe wuchs heran und wurde zu einem schönen Jüngling. Eines Tages kam er in die Stadt. Dort war viel Volk versammelt, denn es hieß, die Prinzessin wolle heiraten. Um den rechten Mann zu finden, verschleierte sie sich und setzte sich in eine Sänfte; darin ließ sie sich auf den Marktplatz tragen, zusammen mit vielen anderen Sänften, die alle gleich waren, und in allen saßen verschleierte Frauen. Wer nun die rechte Sänfte wählte, der sollte die Prinzessin zur

Frau bekommen. Der Jüngling sah nun, wie die Bienen, die er gerettet hatte, eine Sänfte umschwärmten. Da trat er hinzu und sagte: »Das muss sie sein!« Und richtig: Darin saß die Prinzessin. Da wurde die Hochzeit gefeiert, und sie lebten glücklich bis an ihr seliges Ende.

Märchen aus China

Vom Licht der Welt

Es war einmal eine arme Witwe, der war nichts geblieben als ihre sieben Söhne. Sie hatten nichts mehr zu essen, und so zogen sie in die weite Welt, klopften an die Türen und baten um Arbeit, und wenn sie keine fanden, um ein Stück Brot. Oft aber blieben sie hungrig und mussten unter freiem Himmel schlafen.

Eines Abends kamen sie in ein Dorf und baten um ein Nachtlager. Aber alle wiesen sie ab, und sie bekamen zu hören: »Versucht es im Gutshaus hinterm Dorf, dort findet ihr gewiss einen Platz, aber da ist es nicht ganz geheuer.« Alle im Dorf wussten: Dort spukt es, und machten einen großen Bogen um das Gutshaus. Die Nacht brach herein, und als auch die letzte Tür vor ihnen zufiel, beschloss der älteste Sohn: »So lasst uns zu dem Gutshaus gehen«, und sie machten sich auf den Weg.

Von Weitem sah es aus wie ein Schloss, doch als sie näherkamen, eröffnete sich ihnen ein trauriger Anblick: Kein Mensch war zu sehen, kein Hund bellte, kein Vogel sang, alles still und leer. Die Witwe fasste sich ein Herz und klopfte an die Tür. Niemand antwortete, doch mit einem Mal öffnete sich die Tür mit lautem Knarren von selbst. Der älteste Sohn trat mutig vor. Niemand war zu sehen. Da ging er weiter hinein, und die anderen folgten ihm durch leere Gänge und Zimmer. Schließlich kamen sie in einen großen Saal. Auch hier war keine Menschenseele zu sehen, doch es schien, als würden sie erwartet: Im Saal war ein großer Tisch mit acht Stühlen, acht Tellern und acht Gläsern, in der Mitte ein Laib Brot und eine Flasche Wein, und im Kamin war das Holz vorbereitet. Die Jungen machten Feuer, dann setzten sie sich an den Tisch. Jeder bekam ein Glas Wein und eine Scheibe Brot. Kaum aber hatten sie den ersten Bissen im Mund, da kam aus den Tiefen des Hauses eine dunkle

Stimme – so elend, so klagend, dass ihnen der Atem stockte: »Licht! Licht!«

Der Älteste fasste sich als Erster. Er lief zum Kamin, zündete einen Kienspan an und sagte: »Ich will nachsehen!« »Wir gehen mit dir!«, sagten die anderen, denn sie wollten ihn nicht allein lassen. Sie gingen der Stimme nach, durch viele Zimmer und Säle, doch sie waren alle leer. Die Stimme bat immer wieder um »Licht! Licht!«. Schließlich kamen sie an das letzte Zimmer. Sie öffneten die Tür. In einer Ecke stand ein Sessel, darin saß ein uralter Greis mit einem langen weißen Bart, der bis auf den Boden hinab reichte. Er starrte auf ein offenes Buch, das auf seinen Knien lag, und klagte: »Licht! Licht!« Am liebsten wären sie davongelaufen, doch der Älteste dachte: »Mich dauert der Greis«, und er trat näher und hielt den Kienspan über das Buch: »Hier ist Licht!«

Da hob der Greis den Kopf und schaute den Jungen an, und dann begann er zu lesen – so rasch, dass er kaum mit dem Blättern der Seiten hinterherkam, als triebe ihn die Angst, der Kienspan könne abbrennen, bevor er zu Ende gelesen hätte. Schließlich schlug er die letzte Seite auf und seufzte: »Ich danke euch! Ihr habt mir Licht gebracht und mich damit erlöst! Zu Lebzeiten hatte ich ein hartes Herz, und nach meinem Tode war ich dazu verdammt, hier im Dunkeln zu sitzen und nicht eher Ruhe zu finden, bis sich jemand meiner erbarmt und mir leuchtet, bis auch die letzte Seite des Buches gelesen wäre. Zum Dank soll euch der ganze Gutshof gehören und auch der Schatz, den ich im Keller vergraben habe. Verwendet ihn wohl!« Da erlosch der Span und der Alte löste sich vor ihren Augen in nichts auf. Im Keller fanden sie sieben Krüge voller Gold, und ihre Not hatte ein Ende.

Märchen aus Spanien

Die Menschenfresserin
mit den langen Ohren

Es waren einmal ein Bruder und eine Schwester, die lebten vor langer, langer Zeit allein im Gebirge. Barabosch war ein guter Jäger, und Wild gab es mehr als genug. Seine Schwester Boroldoj war fleißig, und so stieg stets Rauch aus ihrem Wohnzelt, dem Tschum, und sie hatten es warm und gut. Eines Tages aber wollte Barabosch ausziehen und neue Jagdgründe suchen, dort, wo die Sonne aufgeht. Da sagte er zu Boroldoj: »In drei Tagen komme ich heim. Du aber hüte das Feuer, damit es nicht erlischt!« Boroldoj passte gut auf. In der dritten Nacht aber sank ihr der Kopf auf die Brust, sie schlief ein und das Feuer erlosch. Am Morgen schreckte sie auf und dachte: »Was soll ich nur tun? Heute kommt Barabosch zurück!« Sie lief hinauf in die Berge, Feuer suchen. Da kam sie zu einem schwarzen Tschum.

Sie schaute hinein und sah ein altes Weib am Feuer liegen, das hatte riesige Ohren. Auf einem Ohr schlief es, mit dem anderen hatte es sich zugedeckt. »Großmütterchen, bitte gib mir Feuer!«, bat Boroldoj. »Nimm!«, sagte die Alte. Da trat Boroldoj ans Feuer, nahm einen brennenden Ast heraus und eilte damit zurück in ihr Tschum. Dort legte sie den Ast auf die Feuerstelle und fachte das Feuer wieder an. Nach getaner Arbeit strich sie sich übers Kleid, und da fühlte sie einen Faden, der daran festgebunden war. Sie schaute zurück und sah, dass der Faden aus dem Tschum hinauslief. Sie trat aus dem Zelt, und da sah sie, dass der Faden geradewegs in die Berge führte, in den Wald, wo das Weib mit den langen Ohren hauste. Der Schreck fuhr ihr in die Glieder, und sie dachte: »Das war gewiss das alte Weib. Das muss eine Menschenfresserin sein. Gewiss hat sie den Faden angebunden, damit sie mir nachspüren kann.« Da riss sie rasch den Faden ab und rannte davon, in die Richtung, die der Bruder genommen hatte.

Die Menschenfresserin folgte schon dem Faden und war bald bis zum Zelt vorgedrungen. Das aber war leer, und der Faden lag auf dem Boden, und keine Beute war da. Da wurde sie wütend und schnüffelte herum, wollte die Witterung aufnehmen, wohin ihre Beute gelaufen sei. Aber sie konnte nichts wittern. Da fragte die Menschenfresserin das Bett: »Wohin ist Boroldoj gelaufen?« Das Bett aber schwieg, denn es war Boroldojs Bett. Da fragte sie das Feuer: »Wohin ist Boroldoj gelaufen?« Und das Feuer antwortete, denn es war das Feuer der Menschenfresserin: »Dorthin, wo die Sonne aufgeht.« Da eilte die Menschenfresserin ihr nach, so rasch, dass die Bäume brausten. Da dauerte es nicht lange, und sie hatte die flüchtende Boroldoj eingeholt. Schon streckte sie die Krallen nach ihr aus, schon krächzte sie: »Jetzt pack' ich dich!«

In dem Augenblick aber trat Barabosch hinter einem Baum hervor. Flugs verwandelte sich die Menschenfresserin in ein Pferd, doch ihre langen Ohren verrieten sie, und Barabosch hob den Speer. Da machte sie sich zum Hasen, denn der hat lange Ohren, und so glaubte sie, unentdeckt zu bleiben. Barabosch aber ließ sich nicht irre machen und warf den Speer. Da schlug der Hase einen Purzelbaum, prallte gegen einen Stein und sein Bauch platzte. Da kamen Menschen herausgekrochen, viele Menschen, die hatte die Menschenfresserin allesamt verschlungen. Sie dankten Barabosch für ihre Befreiung. Einige aber schauten grimmig und sagten: »Wer hat dich gebeten, uns zu befreien? Im Bauch der Menschfresserin hatten wir's gut, da war es warm, und wir brauchten nichts zu tun; was kümmerte uns die Finsternis.« Da strich Barabosch seiner Schwester über den Kopf und sagte: »Wer kann es schon allen recht machen? Komm, lass uns gehen!« Und da gingen die beiden zurück in ihr Tschum, und sie lebten dort gut und zufrieden.

Märchen aus Sibirien

Oschoo

O schoo war der Sohn fleißiger Fischersleute. Er war ein guter Fischer und half den Eltern, wo es nur ging, und als sie alt und schwach wurden, war er ihre einzige Stütze. Weil Oschoo ehrlich und freundlich war, kauften die Leute ihre Fische am liebsten bei ihm, und jedermann hatte ihn gern. Und so konnte er die Familie, obwohl sie arm waren, vor allem Mangel schützen. Mit seinem Fleiß war es ihm schließlich sogar gelungen, ein paar Teiche oben im Gebirge zu kaufen, darin hatte er die herrlichsten Karpfen.

Dann aber kam ein ungewöhnlich harter Winter, und die Teiche froren fest zu. Sie waren bedeckt von dickem Eis, sodass Oschoo oft mit Sorge an seine Karpfen dachte. Da geschah es, dass seine Mutter krank wurde. Sie brauchte viel Pflege und mancherlei teure Medizin. Mit dem zugefrorenen Karpfenteich aber war ihre beste Nahrungsquelle versiegt, und auch ihr einträglichstes Einkommen. Und so hatte Oschoo Mühe, mit der Fischerei genug zusammen zu bekommen, und doch schaffte er alles treulich herbei, was die kranke Mutter brauchte. Aber es wollte und wollte nicht besser werden mit ihr. Eines Tages lag sie ganz matt und schwach auf ihrem Krankenlager und sagte zu Oschoo: »Ach, hätte ich doch nur etwas von den schönen Karpfen aus deinen Teichen. Ich glaube, wenn ich davon äße, so wäre ich bald geheilt.«

Da wurde Oschoo traurig, wusste er doch, wie dick das Eis auf den Teichen war. Aber er lächelte und sagte: »Mutter, dann will ich sogleich gehen und Euch einen feinen Fisch holen.« Da freute sich die Mutter, segnete ihren Sohn, und er trat aus der Hütte. Da stand er nun, mit der Hacke auf der Schulter, und der eisige Wind blies seine letzte Hoffnung fort, dass er das Eis irgendwie durchschlagen könnte. Aber Oschoo stieg rasch ins Gebirge hinauf. Denn sollte es ihm doch gelingen, dann würde er sicher Tage dazu brauchen, und er wollte keine kostbare Zeit verlieren. Als er aber an den Teichen anlangte, da war die dicke Eisdecke so starr und spröde, dass selbst tagelange Arbeit nicht gereicht hätte, zu den Karpfen unten im Wasser zu gelangen. Verzweifelnd warf sich Oschoo auf das Eis, rang die Hände und bat den Himmel um Hilfe.

Und da fühlte er mit einem Mal eine wunderbare Wärme seinen Leib durchdringen; nun bekam er einen Funken Hoffnung, und er streifte die Kleider ab und legte sich ausgestreckt auf das Eis. Und siehe da: Unter seinem Körper taute das Eis auf, so rasch, dass nur wenige Hiebe mit der Hacke genügten, und die Eisdecke war durchbrochen. Kaum war dies geschehen, da strömten auch schon von allen Seiten große Karpfen herbei, und Oschoo konnte die besten für seine Mutter auswählen. So machte er sich, reich beladen, auf den Heimweg.

Daheim bereitete er sogleich die Fische für die Mutter zu. Und als er ihr davon gab, da fühlte sie sich, kaum hatte sie davon genossen, wunderbar gekräftigt. Und als die Mutter hörte, wie es Oschoo an den Teichen ergangen war, da fasste sie neuen Mut; und noch ehe der Winter zu Ende ging, war sie wieder ganz gesund.

Märchen aus Japan

Die drei Böcke
Brausewind*

Es waren einmal drei Böcke, die wollten zur Koppel gehen und sich fett fressen, und alle drei hießen sie Brausewind. Auf ihrem Wege mussten sie über eine Brücke, die über einen Fluss ging. Unter der Brücke aber wohnte ein großer abscheulicher Troll: Augen hatte der, so groß wie Suppenteller, Ohren wie Fensterläden, eine Nase, lang wie ein Besenstiel, einen Mund wie ein Scheunentor und Zähne, so lang und scharf wie ein Fleischermesser. Da kam der jüngste Bock Brausewind und wollte über die Brücke: »Trip trip! Trip trip!«, machte die Brücke. Da brüllte der Troll: »Wer trippelt da auf meiner Brücke?« Der Jüngste antwortete mit feinem Stimmchen: »Oh, ich bin es nur, das kleinste Böckchen Brausewind; ich wollte nur zur Koppel und mich fett fressen.« Da rief der Troll: »Jetzt komme ich und hole dich!« Der Jüngste aber bat: »Ach, hol' mich nicht, es lohnt ja nicht, ich bin doch noch so klein! Warte nur ein Weilchen, dann kommt einer, der ist viel größer als ich.« »Jawoll!«, sagte der Troll und trollte sich unter die Brücke.

Es dauerte nicht lange, da kam der zweite Bock Brausewind und wollte über die Brücke. »Trip trap! Trip trap!«, machte die Brücke. »Wer trippelt und trappelt da auf meiner Brücke?«, rief der Troll. »Oh, ich bin es nur, der zweite Bock Brausewind, ich wollte nur zur Koppel und mich fett fressen«, sagte der zweite Bock mit nicht ganz so feiner Stimme. Da rief der Troll wieder: »Jetzt komme ich und hole dich!« Der Zweite aber bat: »Ach, hol' mich nicht, es lohnt ja nicht, ich bin doch noch so klein! Warte nur ein Weilchen, dann kommt der große Bock Brausewind, der ist viel größer als ich.« »Jawoll!«, sagte der Troll, und trollte sich wieder unter die Brücke.

Und dann kam der große Bock Brausewind: »Trap trap! Tarap!«, machte die Brücke, dass es nur so krachte. »Wer trappelt, tarappelt da auf meiner Brücke?«, rief der Troll. »Das bin ich, der große Bock Brausewind! Ich geh' zur Koppel und fress' mich fett«, rief der Bock mit lauter Stimme. Da rief der Troll: »Jetzt komme ich und hole dich!«, und kletterte auf die Brücke. Doch der große Bock Brausewind senkte den Kopf und rief:

> »Komm her, du Troll, hab' Speere am Schopf,
> die bohren sich gleich in deinen Kopf.
> Du hörst doch meine Hufe krachen,
> die werden nun zu Mus dich machen!«

Und damit ging er auf den Troll los, nahm ihn auf die Hörner und trampelte auf ihm herum, bis er ihn windelweich hatte, dann warf er ihn in den Fluss.

Und da gingen alle drei Böcke Brausewind über die Brücke zur Koppel, und sie fraßen sich fett, so fett, dass sie kugelrunde Bäuche hatten. Als sie zurückkamen, da machte die Brücke »Trip trip! Trip trip!«, »Trip trap! Trip trap!« und »Trap trap! Tarap!« Der Troll aber blieb unter der Brücke und machte keinen Mucks.

Märchen aus Norwegen

Die Regenblume

Große Dürre und Hungersnot herrschte im Lande der Komantschen. Viele aus dem Stamm waren schon gestorben. Da schlugen die Männer die Trommeln, und alle tanzten um das Feuer und sangen: »He, na, na, na, he, na, na, na. Große Geister, hört uns an! Das Land stirbt, und auch wir müssen bald sterben.« Am andern Tag tanzten sie weiter und sangen: »He, na, na, na, he, na, na, na. Große Geister, sagt uns: Womit haben wir Euren Zorn erregt? Wir bitten Euch: Schickt Regen und rettet uns!« Auch am dritten Tage tanzten sie und sangen: »He, na, na, na, he, na, na, na. Große Geister: Was sollen wir tun, damit Ihr uns rettet?« Aber die Großen Geister antworteten nicht, und der erlösende Regen blieb aus.

Da stieg der Medizinmann auf den Berg, um die Großen Geister um Rat zu bitten. Als er zurückkam, versammelte sich der Stamm im Kreis, und der Medizinmann sagte: »Die Großen Geister haben gesprochen. Sie sagen, die Komantschen haben viele Jahre von den Früchten der Erde gelebt, aber sie haben der Erde nie etwas zurückgegeben. Deshalb müssen wir nun etwas opfern. Wir müssen ein Feueropfer bringen. Wir sollen das verbrennen, was uns am liebsten ist, und die Asche in alle vier Winde streuen. Dann sind die Großen Geister zufrieden, und unsere Not wird ein Ende haben. Dann wird die Erde neu erblühen, und auch unser Stamm!« Endlich wussten die Komantschen, was zu tun war, und sie sangen den Großen Geistern ein Dankeslied.

Dann ging jeder in sein Zelt zurück. Und der eine dachte: »Meine guten Pfeile meinen die Großen Geister sicher nicht.« Und der andere dachte: »Meine schöne Decke wollen sie wohl nicht.« In einem Zelt saß ein kleines Mädchen. Sie hieß »Die-ganz-allein-ist«, denn Vater und Mutter und auch die Großeltern waren in der Hungersnot gestorben. Auf dem Schoß hielt sie ihre Puppe aus Hirschleder. Die hatte ihr die Mutter gemacht. Augen und Mund waren mit Beerensaft aufgemalt, das Gewand war mit Perlen verziert, und im Haar steckten blaue Federn, die hatte der Vater mitgebracht. Sie liebte ihre Puppe sehr, denn sie war das einzige Andenken an ihre Eltern, und ihr einziger Trost. Sie drückte die Puppe fest an sich und sagte: »Du bist das Liebste, was ich habe!« Und dann, als alle schliefen, nahm sie die Puppe in den Arm, holte einen brennenden Ast aus dem Lagerfeuer und ging hinaus in die dunkle Nacht, auf den Berg.

Oben angelangt, suchte sie Zweige zusammen und zündete sie an. Dann hielt sie die Puppe hoch, schaute zum Himmel hinauf und rief: »Ihr Großen Geister. Hier ist meine Puppe, nehmt sie. Sie ist das Einzige, was ich von meiner Familie habe. Sie ist das Liebste, was ich habe. Bitte nehmt sie als Opfer an!« Und dann warf sie die Puppe ins Feuer. Sie schaute in die Flammen, bis die Puppe verbrannt war und die letzte Glut schwand. Dann warf sie die Asche in alle Himmelsrichtungen.

Sie legte sich schlafen. Als das Licht der Morgensonne sie weckte, schaute sie den Berg hinunter zum Dorf. Und da sah sie wunderschöne Blumen, tausende, abertausende. Der Boden war über und über bedeckt davon, dort, wo die Asche hingeflogen war. Sie waren über Nacht erblüht. Blau waren sie, wie die Federn im Haar ihrer Puppe. Und sie sah, wie die Komantschen aus ihren Tipis kamen und jubelten und zu ihr hinaufstiegen. Oben auf dem Berg tanzten und sangen sie zum Dank für das Zeichen, das die Großen Geister ihnen mit den Blumen geschickt hatten. Und plötzlich fielen die ersten Tropfen, und ein warmer Regen kam über das Land, und das Land begann wieder zu leben. An diesem Tag bekam das Mädchen einen neuen Namen: »Die-ihr-Volk-liebt«.

Märchen der Indianer aus Nordamerika

Quellenangaben

Anansi und die Weisheit der Welt *(Märchen aus Westafrika)*
Adotey, Peter Eric Addo: How the Spider Became Bald. Folktales and Legends
from West Africa. Greensboro: Morgan Reynolds Publishing 1993. Dort: Ananse
and the pot of wisdom. / Arkhurst, Joyce Cooper: The adventures of spider. West
African Folk Tales retold by Joyce Cooper Arkhurst. New York: Scholastic 1964.
Dort: How the World Got Wisdom. Erzählfassung von Michaela Brinkmeier.

Arm und Reich *(Märchen der Zigeuner)*
mündlich zugetragen, Quelle unbekannt. Erzählfassung von Michaela Brinkmeier.

Auf Reisen geh'n *(Märchen der Brüder Grimm)*
Brüder Grimm (1857): Kinder- und Hausmärchen, 7. Auflage (letzter Hand),
Band 2, Göttingen: Dieterich'sche Verlagsbuchhandlung 1857. Original auf
Plattdeutsch unter dem Titel »Up Reisen gohn«. Übertragung ins Hochdeutsche
von Michaela Brinkmeier.

Das Adlermädchen *(Märchen aus dem Tessin, Schweiz)*
Keller, Walter: Am Kaminfeuer der Tessiner. Sagen und Volksmärchen.
Zürich: M. S. Metz 1940. Erzählfassung von Michaela Brinkmeier.

Das Dohlenmädchen *(Märchen aus Serbien)*
Eschker, Wolfgang (Hg.): Serbische Märchen. München: Diederichs 1992.
Erzählfassung von Michaela Brinkmeier.

Das Ei, das immer größer wurde *(Märchen aus Südafrika)*
Wendt-Riedel, Konstanze (Hg.): Die Geburt der Schlange.
Märchen aus Südafrika. Leipzig: Gustav Kiepenheuer Verlag 1989.
Erzählfassung von Michaela Brinkmeier.

Das Glück des Tagelöhners *(Märchen aus Armenien)*
Dickerhoff, Heinrich / Lox, Harlinda (Hg.): Märchen für die Seele. Krummwisch:
Königsfurt-Urania 2010. Erzählfassung von Michaela Brinkmeier.

Das große Wasser *(Märchen aus China)*
Wilhelm, Richard: Chinesische Märchen. Jena: Diederichs 1914.
Erzählfassung von Michaela Brinkmeier.

Das Hirschlein mit den Tupfen *(Märchen aus China)*
Geelhaar, Anne: Das Märchenhaus. Berlin: Der Kinderbuchverlag 1969. Dort:
Der kleine Hirsch und der große Tiger. Erzählfassung von Michaela Brinkmeier.

Das Hirtenbüblein *(Märchen der Brüder Grimm)*
Brüder Grimm (1857): Kinder- und Hausmärchen, 7. Auflage (letzter Hand),
Band 2, Göttingen: Dieterich'sche Verlagsbuchhandlung 1857.

Das Kätzchen und die Sahne *(Märchen aus Deutschland)*
mündlich zugetragen, Quelle unbekannt. Erzählfassung von Michaela Brinkmeier.

Das Kätzchen und die Stricknadeln *(Märchen aus Deutschland)*
Bechstein, Ludwig: Deutsches Märchenbuch. Ausgabe letzter Hand, 13. Auflage,
Leipzig: Georg Wigand 1857. Erzählfassung von Michaela Brinkmeier.

Das kluge Mädchen wird Zarin *(Märchen aus Bulgarien)*
Leskien, August: Balkanmärchen aus Bulgarien. Jena: Diederichs 1919.
Erzählfassung von Michaela Brinkmeier.

Das Lebenswasser *(Märchen der Tofalaren aus Russland)*
Gesse, N. / Sadunaiskaja, S.: Die Kranichfeder. Märchen aus dem hohen Norden
der Sowjetunion. Berlin: Der Kinderbuchverlag 1975.
Erzählfassung von Michaela Brinkmeier.

Der alte Großvater und der Enkel *(Märchen der Brüder Grimm)*
Brüder Grimm (1857): Kinder- und Hausmärchen, 7. Auflage (letzter Hand),
Band 1, Göttingen: Dieterich'sche Verlagsbuchhandlung 1857.

Der arme Schuster *(Märchen aus Portugal)*
Braga, Teófilo: Contos Tradicionais do Povo Português. Volume 1. Porto: Livraria
Universal de Magalhães e Moniz Editores 1883. Dort: O sapateiro pobre.
Erzählfassung von Michaela Brinkmeier.

Der Bauer und der Teufel *(Märchen der Brüder Grimm)*.
Brüder Grimm (1857): Kinder- und Hausmärchen, 7. Auflage (letzter Hand),
Band 2, Göttingen: Dieterich'sche Verlagsbuchhandlung 1857.

Der einäugige Esel *(aramäisches Märchen)*
Bergstrasser, Gotthelf: Neuaramäische Märchen und andere Texte aus Ma'lula.
Leipzig 1915 (I. Sammlung Prym-Socin, A. Übersetzt von Prym, Märchen Nr. 7).
Erzählfassung von Michaela Brinkmeier.

Der Fischer und der Wal *(Märchen der Eskimo)*
Suchl, Jan: Eskimomärchen. Hanau: Dausien 1984.
Erzählfassung von Michaela Brinkmeier.

Der Fuchs und das Pferd *(Märchen der Brüder Grimm)*
Brüder Grimm (1857): Kinder- und Hausmärchen, 7. Auflage (letzter Hand),
Band 2, Göttingen: Dieterich'sche Verlagsbuchhandlung 1857.

Der Fuchs und die Gänse *(Märchen der Brüder Grimm)*
Brüder Grimm (1857): Kinder- und Hausmärchen, 7. Auflage (letzter Hand),
Band 1, Göttingen: Dieterich'sche Verlagsbuchhandlung 1857.

Der Gesang der Nachtigall *(Märchen der Tataren)*
Ďuríčková, Mária: Der verkaufte Traum. Märchen der Völker der Sowjetunion.
Hanau: Dausien 1980. Dort: Die Nachtigall.
Erzählfassung von Michaela Brinkmeier.

Der goldene Schlüssel *(Märchen der Brüder Grimm)*
Brüder Grimm (1857): Kinder- und Hausmärchen, 7. Auflage (letzter Hand),
Band 2, Göttingen: Dieterich'sche Verlagsbuchhandlung 1857.

Der Griff der Erde *(Märchen der Dolganen aus Russland)*
Gesse, N. / Sadunaiskaja, S.: Die Kranichfeder. Märchen aus dem hohen Norden
der Sowjetunion. Berlin: Der Kinderbuchverlag 1975.
Erzählfassung von Michaela Brinkmeier.

Der Heiltrank *(Märchen aus der Ukraine)*
Gesse, N. / Sadunaiskaja, S.: Das Luchsfellchen. Märchen slawischer Völker.
Berlin: Der Kinderbuchverlag 1985[2]. Dort: Der Schweigetrank.
Erzählfassung von Michaela Brinkmeier.

Der Hund mit den kleinen Zähnen *(Märchen aus England)*
Addy, Sidney Oldall: Household Tales with other Traditional Remains. Collected
in the Counties of York, Lincoln, Derby, and Nottingham. London: D. Nutt 1895.
Dort: The Small-tooth Dog. Erzählfassung von Michaela Brinkmeier.

Der hungrige Schüler *(Märchen aus Indien)*
Miltner, Vladimír: Indische Märchen. Hanau: Dausien 1977. Dort: Der Schüler
Nimmersatt. Erzählfassung von Michaela Brinkmeier.

Der Kobold und die Ameise *(Märchen aus Graubünden, Schweiz)*
Vonbun, Franz Josef: Alpenmärchen. Stuttgart: Holbein 1910. Dort: Der Fengg
und die Ameise. Erzählfassung von Michaela Brinkmeier.

Der König der Antilopen *(Märchen aus Indien)*
Mayer-Skumanz, Lene / Recheis, Käthe: Der König der Antilopen. Märchen aus
aller Welt. Wien: Verlag St. Gabriel 1982.
Erzählfassung von Michaela Brinkmeier.

Der Krämer *(Märchen aus Österreich)*
Zingerle, Ignaz u. Josef: Kinder- und Hausmärchen aus Tirol. Innsbruck:
Schwick 1911[3]. Erzählfassung von Michaela Brinkmeier.

Der Kranich *(Märchen aus China)*
Šťovíčková, Dana und Milada: Chinesische Volksmärchen. Hanau: Dausien 1976[5].
Dort: Der Student und der Reiher. Erzählfassung von Michaela Brinkmeier.

Der Krötenkaiser *(Märchen aus Taiwan)*
Eberhard, Wolfram und Alide (Hg.): Südchinesische Märchen. Düsseldorf/Köln:
Diederichs 1976. Erzählfassung von Michaela Brinkmeier.

Der Löwe und die Maus *(Märchen aus Ägypten, Afrika, nach Aesop)*
Wreszinski, Walter: Löwenjagd im Alten Aegypten. Leipzig: Hinrichs 1932.
Erzählfassung von Michaela Brinkmeier.

Der Lügner *(Märchen aus Armenien)*
Surmelian, Leon: Armenische Märchen. Frankfurt am Main/Leipzig: Insel
Verlag 1991. Erzählfassung von Michaela Brinkmeier.

Der Mann, der die Hausarbeit tun sollte *(Märchen aus Norwegen)*
Asbjørnsen, P. Ch. / Moe, Jörgen: Norwegische Volksmährchen, Band 2. Berlin:
M. Simion 1847. Dort: Der Mann, der das Haus beschicken sollte.
Erzählfassung von Michaela Brinkmeier.

Der Mann mit der hässlichen Frau *(Märchen aus Afrika)*
Recheis, Käthe: 333 Märchenminuten. Wien: Herder 1983[3]. Dort: Drei Wünsche.
Erzählfassung von Michaela Brinkmeier.

Der Prinz mit den Eselsohren *(Märchen aus Portugal)*
Tetzner, Lisa: Die schönsten Märchen der Welt für 365 und einen Tag.
Gesammelt und herausgegeben von Lisa Tetzner, Band 4 (April), Köln:
Luchterhand 1984. Erzählfassung von Michaela Brinkmeier.

Der süße Brei *(Märchen der Brüder Grimm)*
Brüder Grimm (1857): Kinder- und Hausmärchen, 7. Auflage (letzter Hand),
Band 2, Göttingen: Dieterich'sche Verlagsbuchhandlung 1857.

Der tanzende Rabbi *(Märchen der chassidischen Juden aus Osteuropa)*
Balling, Adalbert Ludwig: Tanzen vor Gott und den Menschen. Würzburg:
Missionsverlag Mariannhill 1994. Erzählfassung von Michaela Brinkmeier.

Der treueste Freund *(Märchen der Indianer aus Nordamerika)*
Hulpach, Vladimír: Indianermärchen. Mythen, Legenden und Märchen der
nordamerikanischen Indianer. Hanau: Dausien 1976.
Erzählfassung von Michaela Brinkmeier.

Der Tschongurispieler *(Märchen aus Georgien)*
Fähnrich, Heinz: Georgische Märchen. Leipzig: Insel-Verlag Anton
Kippenberg 1980. Erzählfassung von Michaela Brinkmeier.

Der verhexte Ring *(Märchen aus Italien, Venedig)*
Karlinger, Felix: Italienische Volksmärchen. Köln: Diederichs 1973.
Erzählfassung von Michaela Brinkmeier.

Der Weber und sein Glück *(Märchen aus Indien)*
Tvrdíková, Michaela: Die Braut des Mondes und andere Märchen von den Frauen.
Prag: Artia 1986. Dort: Die drei Ratschläge der habgierigen Frauen.
Erzählfassung von Michaela Brinkmeier.

Der Zauberhut *(Märchen der Eskimo)*
Suchl, Jan: Eskimomärchen. Hanau: Dausien 1984.
Erzählfassung von Michaela Brinkmeier.

Die Alte, die auf den lieben Gott wartete *(Märchen aus Ungarn)*
Sklarek, Elisabet: Ungarische Volksmärchen. Leipzig: Dieterich'sche
Verlagsbuchhandlung 1901. Erzählfassung von Michaela Brinkmeier.

Die Alte mit den Bohnen *(Märchen aus Deutschland)*
mündlich zugetragen, Quelle unbekannt. Erzählfassung von Michaela Brinkmeier.

Die Bienenkönigin *(Märchen der Brüder Grimm)*
Brüder Grimm (1857): Kinder- und Hausmärchen, 7. Auflage (letzter Hand),
Band 1, Göttingen: Dieterich'sche Verlagsbuchhandlung 1857.

Die Brüder Wang *(Märchen aus China)*
Šťovíčková, Dana und Milada: Chinesische Volksmärchen. Hanau: Dausien 1976[5].
Dort: Das Scheusal. Erzählfassung von Michaela Brinkmeier.

Dieb und König *(Märchen aus Schweden)*
Malý, Miloš: Nordische Märchen. Hanau: Dausien 1975[2].
Erzählfassung von Michaela Brinkmeier.

Die drei Böcke Brausewind *(Märchen aus Norwegen)*
Asbjørnsen, P. Ch. / Moe, Jørgen: Norwegische Volksmährchen, Band 2. Berlin:
M Simion 1847. Dort: Die drei Böcke Brausewind, die nach der Koppel gehen
und sich fett machen wollten. Erzählfassung von Michaela Brinkmeier.

Die drei goldenen Haare *(Märchen aus Rumänien)*
Pinkola Estés, Clarissa: Die Wolfsfrau. München: Heyne 1993.
Erzählfassung von Michaela Brinkmeier.

Die drei kleinen Hühnchen *(Märchen aus Frankreich)*
Tegethoff, Ernst: Französische Volksmärchen, Band 2, Jena: Diederichs 1923.
Erzählfassung von Michaela Brinkmeier.

Die eitle Ajagaga *(Märchen aus Sibirien)*
Tetzner, Lisa: Die schönsten Märchen der Welt für 365 und einen Tag.
Gesammelt und herausgegeben von Lisa Tetzner, Band 11 (November).
Köln: Luchterhand 1984. Erzählfassung von Michaela Brinkmeier.

Die Heckentür *(Märchen aus Deutschland)*
Kuhn, Adalbert / Schwartz, Wilhelm: Norddeutsche Sagen, Märchen und
Gebräuche aus Mecklenburg, Pommern, der Mark, Sachsen, Thüringen,
Braunschweig, Hannover, Oldenburg und Westfalen. Leipzig: Brockhaus 1848.
Erzählfassung von Michaela Brinkmeier.

Die Käsprobe *(Märchen aus der Schweiz)*
Sutermeister, Otto: Kinder- und Hausmärchen aus der Schweiz, Aarau:
H. R. Sauerländer 1869. Dort nach einer mündlichen Erzählung aus Zürich. /
Brüder Grimm (1857): Kinder- und Hausmärchen, 7. Auflage (letzter Hand),
Band 2, Göttingen: Dieterich'sche Verlagsbuchhandlung 1857.
Dort: Die Brautschau. Erzählfassung von Michaela Brinkmeier.

Die kluge Frau und der Malla *(aramäisches Märchen)*
Lidzbarski, Mark (Hg.): Geschichten und Lieder aus den neuaramäischen
Handschriften der Königlichen Bibliothek zu Berlin. Weimar: Verlag von Emil
Felber 1896. Dort: Der untreue Depositär.
Erzählfassung von Michaela Brinkmeier.

Die Königstochter in der Flammenburg
(Märchen der Siebenbürger Sachsen aus Rumänien)
Haltrich, Josef: Deutsche Volksmärchen aus dem Sachsenlande in Siebenbürgen.
Berlin: Julius Springer Verlag 1856. Erzählfassung von Michaela Brinkmeier.

Die Maus, die sich fledermauste
(Märchen der Caxinauá-Indianer aus Brasilien)
Capistrano de Abreu, João: rā-txa hu ni-ku-ī. A lingua dos Caxinauás do Rio
Ibuaçu affluente do Muru (Prefeitura de Tarauacá). Rio de Janeiro: Typographia
Leuzinger 1914. Dort: O rato que virou morcego.
Erzählfassung von Michaela Brinkmeier.

Die Menschenfresserin mit den langen Ohren *(Märchen aus Sibirien)*
Tvrdíková, Michaela: Sibirische Märchen. Prag: Artia 1980.
Erzählfassung von Michaela Brinkmeier.

Die Muschel des Überflusses *(Märchen aus Deutschland)*
Grigorov, Georgi: Die schwarze Muschel. Sofia: Sofia-Press 1978.
Erzählfassung von Michaela Brinkmeier.

Die Prinzessin unter der Erde *(Märchen aus Griechenland)*
Hahn, Johann Georg von: Griechische und Albanesische Märchen 1-2. München/
Berlin: Georg Müller 1918. Dort: Von der unter der Erde versteckten Prinzessin.
Erzählfassung von Michaela Brinkmeier.

Die Regenblume *(Märchen der Indianer aus Nordamerika)*
Paola, Tomie de: Die Regenblume. Eine indianische Legende. Nacherzählt
und illustriert von Tomie de Paola. Aus dem Amerikanischen von Peter Müller.
Reinbek bei Hamburg: Carlsen 1985. Erzählfassung von Michaela Brinkmeier.

Die Schlangenkönigin *(Märchen aus der Schweiz)*
Sutermeister, Otto: Kinder- und Hausmärchen aus der Schweiz, Aarau:
H. R. Sauerländer 1869. Erzählfassung von Michaela Brinkmeier.

Die Schlucht *(Märchen aus der Türkei)*
mündlich zugetragen, Quelle unbekannt. Erzählfassung von Michaela Brinkmeier.

Die Scholle *(Märchen der Brüder Grimm)*
Brüder Grimm (1857): Kinder- und Hausmärchen, 7. Auflage (letzter Hand),
Band 2, Göttingen: Dieterich'sche Verlagsbuchhandlung 1857.

Die Schuhe *(jüdisches Märchen)*
Simon, Solomon: The Wise Men of Helm and Their Merry Tales. Springfield:
Behrman House 1995. Dort: All because of a pair of shoes. / Recheis, Käthe:
333 Märchenminuten. Wien: Herder 1983[3]. Dort: Der Mann, der von zu Hause
fortwollte. Erzählfassung von Michaela Brinkmeier.

Die silberne Laute *(Märchen aus Italien)*
N. N.: Italienische Märchen. Hanau: Dausien 1976[2].
Erzählfassung von Michaela Brinkmeier.

Die Steinsuppe *(Märchen aus Portugal)*
Braga, Teófilo: Contos Tradicionais do Povo Português. Volume 1. Porto: Livraria
Universal de Magalhães e Moniz Editores 1883. Dort: O Caldo de Pedra.
Erzahlfassung von Michaela Brinkmeier.

Die Sterntaler *(Märchen der Brüder Grimm)*
Brüder Grimm (1857): Kinder- und Hausmärchen, 7. Auflage (letzter Hand),
Band 2, Göttingen: Dieterich'sche Verlagsbuchhandlung 1857.

Die Wassernixe *(Märchen der Brüder Grimm)*
Brüder Grimm (1857): Kinder- und Hausmärchen, 7. Auflage (letzter Hand),
Band 1, Göttingen: Dieterich'sche Verlagsbuchhandlung 1857.

Die weiße Taube *(Märchen der Brüder Grimm)*
Brüder Grimm (1812): Kinder- und Hausmärchen, 1. Auflage, Band 1. Berlin:
Realschulbuchhandlung 1812.

Die Wette mit dem Hasen *(Märchen aus Afrika)*
Afrika und Übersee. Sprachen – Kulturen, gegründet von Carl Meinhof.
Band 43-44, Dietrich Reimer Verlag: Berlin 1959. Herausgegeben im Asien-
Afrika-Institut, Abteilung für Afrikanistik und Äthiopistik der Universität
Hamburg. Dort: Der schlaue Hase. Erzählfassung von Michaela Brinkmeier.

Die Wichtelmänner *(Märchen der Brüder Grimm)*
Brüder Grimm (1857): Kinder- und Hausmärchen, 7. Auflage (letzter Hand),
Band 1, Göttingen: Dieterich'sche Verlagsbuchhandlung 1857.

Drei Kostbarkeiten *(Märchen aus China)*
Eberhard, Wolfram und Alide (Hg.): Südchinesische Märchen. Düsseldorf/Köln:
Diederichs 1976. Erzählfassung von Michaela Brinkmeier.

Großmütterchen Immergrün *(Märchen aus Deutschland)*
Colshorn, Carl und Theodor: Märchen und Sagen aus Hannover. Hannover:
Rümpler 1854. Erzählfassung von Michaela Brinkmeier.

Im Tempel der tausend Spiegel *(Märchen aus Indien)*
mündlich zugetragen, Quelle unbekannt. Erzählfassung von Michaela Brinkmeier.

Jaakske mit der Flöte *(Märchen aus Flandern)*
Rauch, Karl: Märchen aus Frankreich, den Niederlanden und der Schweiz.
Reihe: Märchen europäischer Völker, Band 9. Hamburg: Standard-Verlag 1964.
Erzählfassung von Michaela Brinkmeier.

Kännchenvoll *(Märchen aus Deutschland)*
Zaunert, Paul: Deutsche Märchen seit Grimm. Zweiter Band. Jena:
Diederichs 1923. Erzählfassung von Michaela Brinkmeier.

Kemanta *(Märchen der Ona-Indianer aus Feuerland)*
Hulpach, Vladimír: Märchen der Indios. Mythen, Märchen und Legenden der
Indianer Mittel- und Südamerikas. Hanau: Dausien 1977[2].
Erzählfassung von Michaela Brinkmeier.

Kleiner Bär auf Reisen *(Märchen der Tschuktschen aus Russland)*
Gesse, N. / Sadunaiskaja, S.: Die Kranichfeder. Märchen aus dem hohen Norden
der Sowjetunion. Berlin: Der Kinderbuchverlag 1975. Dort: Auswandern oder
nicht?. Erzählfassung von Michaela Brinkmeier.

Lohn der Ehrlichkeit *(Märchen aus China)*
N. N.: Poetische Asiatische Märchen. Wiener Verlag o. J. / Prisma Verlag 1979
(Lizenzausgabe). / Europäische Märchengesellschaft: Vom glücklichen Ende.
Krummwisch: Königsfurt 2008. Erzählfassung von Michaela Brinkmeier.

Mani *(Märchen der Tupí-Indianer aus Brasilien)*
Andrade e Silva, Walde-Mar: Lendas e mitos dos índios brasileiros. Elaborada por Walde-Mar de Andrade e Silva. São Paulo: FTD Editora 1997. / do Carmo Pereira Coelho, Maria: As narrações da cultura indígena da Amazônia: Lendas e histórias. Doutorado em lingüística aplicada e estudos da linguagem. Pontifícia Universidade Católica de São Paulo 2003. Dort: A lenda da Mandioca. Erzählfassung von Michaela Brinkmeier.

Momotaro *(Märchen aus Japan)*
Brauns, David: Japanische Märchen und Sagen. Leipzig: Verlag von Wilhelm Friedrich 1885. Erzählfassung von Michaela Brinkmeier.

Nasreddin und der Kessel *(Märchen aus der Türkei)*
Wesselski, Albert: Der Hodscha Nasreddin. Türkische, arabische, berberische, maltesische, sizilianische, kalabrische, kroatische, serbische und griechische Märlein und Schwänke. Gesammelt und herausgegeben von Albert Wesselski. 1. Band. Weimar: Alexander Duncker Verlag 1911. Erzählfassung von Michaela Brinkmeier.

Oschoo *(Märchen aus Japan)*
Brauns, David: Japanische Märchen und Sagen. Leipzig: Verlag von Wilhelm Friedrich 1885. Erzählfassung von Michaela Brinkmeier.

Prinzessin Mäusehaut *(Märchen der Brüder Grimm)*
Brüder Grimm (1812): Kinder- und Hausmärchen, 1. Auflage, Band 1. Berlin: Realschulbuchhandlung 1812.

Stompe Pilt *(Märchen aus Schweden)*
Stroebe, Klara: Nordische Volksmärchen. 1. Teil: Dänemark/Schweden. Übersetzt von Klara Stroebe, Jena: Diederichs 1915. Erzählfassung von Michaela Brinkmeier.

Vom Licht der Welt *(Märchen aus Spanien)*
Meier, Harri / Karlinger, Felix (Hg.): Spanische Märchen. Hanau: Dausien 1975[2] Erzählfassung von Michaela Brinkmeier.

Vom Mannl Spannelang *(Märchen aus Deutschland)*
Zaunert, Paul: Deutsche Märchen seit Grimm. Erster Band. Jena: Diederichs 1919. Dort: Vun'n Mannl Sponnelang. Erzählfassung von Michaela Brinkmeier.

Wer den Duft des Essens verkauft *(Märchen aus der Türkei)*
Melzig, Herbert: Wer den Duft des Essens verkauft. Schwänke und Anekdoten vom Hodscha Nasreddin. Berlin: Rütten & Loening 1966. Erzählfassung von Michaela Brinkmeier.

Wie die Fische auf die Welt kamen
(Märchen der Bororo-Indianer aus Brasilien)
Karlinger, Felix / Zacherl, Elisabeth: Südamerikanische Indianermärchen.
München: Diederichs 1976. Dort: Der Ursprung der Fische.
Erzählfassung von Michaela Brinkmeier.

Wie die Geige auf die Welt kam *(Märchen der Zigeuner)*
Wlislocki, Dr. Heinrich von: Volksdichtungen der siebenbürgischen und
südungarischen Zigeuner. Wien: Verlag von Carl Graeser 1890.
Dort: Die Erschaffung der Geige. Erzählfassung von Michaela Brinkmeier.

Zwei Wölfe *(Märchen der Indianer aus Nordamerika)*
mündlich zugetragen, Quelle unbekannt. Erzählfassung von Michaela Brinkmeier.

Zweimal Glück *(Märchen aus Estland)*
Löwis of Menar, August von: Finnische und estnische Volksmärchen.
Jena: Diederichs 1922. Dort: Der Glückliche und der Unglückliche.
Erzählfassung von Michaela Brinkmeier.

*Die Märchen dieser Ausgabe sind orthographisch moderat an die neue
deutsche Rechtschreibung angepasst worden, ohne dass dies im Einzelnen
erwähnt wird.*
*Wir haben uns intensiv bemüht, die Rechteinhaber der in diesem Band
abgedruckten Märchen zu ermitteln. Sollten trotz unserer Recherche wei-
tere berechtigte Ansprüche bestehen, so erklären wir uns bereit, diese zu
honorieren.*